:: 마틴 로이드 존스의 ::

가족

마틴 로이드 존스가 쓰고
조계광이 옮겼습니다

생명의말씀사

RAISING CHILDREN GOD'S WAY
by D. Martyn Lloyd-Jones

Copyright ⓒ Lady Catherwood & Mrs. Ann Beatt 2007
Originally published in English under the title
Raising Children God's Way by D.M. Lloyd-Jones
by The Banner of Truth Trust,
3 Murrayfield Road, Edinburgh EH12 6EL, U.K.
P.O. Box 621, Carlistle, PA 17013, USA
All rights reserved.

Translated and used by the permission of The Banner of the Truth Trust
through the arrangement of KCBS Literary Agency, Seoul, Republic of Korea.

Korean Edition Copyright ⓒ 2009 by Word of Life Press, Seoul, Republic of Korea

본 저작물의 한국어판 저작권은 KCBS Literary Agency를 통하여
The Banner of Truth Trust 와 독점 계약한 생명의말씀사에 있습니다. 신저작권법에
의하여 한국 내에서 보호받는 저작물이므로 무단 전재와 무단 복제를 금합니다.

마틴 로이드 존스의
가족

ⓒ 생명의말씀사 2009

2009년 4월 5일 1판 1쇄 발행
2023년 9월 12일　　12쇄 발행

펴낸이 | 김창영
펴낸곳 | 생명의말씀사

등록 | 1962. 1. 10. No.300-1962-1
주소 | 서울시 종로구 경희궁1길 6 (03176)
전화 | 02)738-6555(본사) · 02)3159-7979(영업)
팩스 | 02)739-3824(본사) · 080-022-8585(영업)

기획편집 | 정순화, 김지혜
디자인 | 맹영미
인쇄 | 영진문원
제본 | 다온바인텍

ISBN 978-89-04-14115-9 (03230)

저작권자의 허락 없이 이 책의 일부 또는 전체를
무단 복제, 전재, 발췌하면 저작권법에 의해 처벌을 받습니다.

마틴 로이드 존스의 **가족**

편집자의 글

이 책에 수록된 다섯 편의 설교는 매주 주일 오전에 웨스트민스터 채플에서 이루어졌던 에베소서 강해의 일부이며 이미 책으로 출판된 바 있다[에베소서 강해는 영국의 배너 출판사(The Banner of Truth Trust)에 의해 모두 8권으로 출간되었다. 이 책에 수록된 설교들은 제6권 "성령 안에서의 삶"(엡 5:18-6:9)에서 발췌한 것이다. 클로스장정, ISBN 085151 194 5, 372pp.]. 로이드 존스가 사도 바울의 사상을 중심으로 가족 간의 관계를 다루는 방식은 극히 중요하다. 그는 바울이 진술하는 기독교 신앙의 심오한 진리를 떠나서는 그와 같은 실천적인 문제를 올바로 파악할 수 없다고 주장한다. 실로, 기독교의 실천 원리를 교리와 분리해서 다루려는 시도는 매우 위험하다. 로이드 존스는 강력한 침투력으로 사회를 변화시킬 수 있는 기독교의 실천 원리는 성령의 사역에서 비롯한다고 강조하고 있다.

가정이 무너진 오늘날, 많은 어린아이가 "문제 가정"에서 자라고 있다. 이러한 시대에 특히 기독교인들의 가정은 그리스도의 복음을 통해 세상의 삶에 개입한 초자연적 현실을 힘써 증언할 수 있어야 한다. 그래야만 단순한 실천의 문제를 뛰어넘어 인간 실존의 가장 심오한 진리를 만방에 드러낼 수 있다.

충실한 기독교인들과 그들의 가정은 현재의 상황을 복음의 진리를 전할 수 있는 호기로 활용할 수 있다. 아무쪼록, 이 책에 수록된 설교들이 그런 기회를 포착하는 데 큰 도움이 되기를 바란다.

_배너 출판사, 편집자 씀

목차

Raising Children God's way

편집자의 글 ·· 4

 Part I_ 자녀가 부모님에게

1. 내 맘과 다른 부모님도 공경해야 하나요? ·· 11
   :: 불신앙의 시대
   :: 부모를 공경한다는 것
   :: 이것이 옳으니라
   :: 약속 있는 첫 계명
   :: 보다 높은 부르심
   :: 예수님을 따르는 길

2. 믿지 않는 부모님에겐 어떻게 해야 할까요? ·· 41
   :: 분열과 갈등의 원인, 진리
   :: 기독교인의 균형
   :: 공손하고 겸손한 태도
   :: 믿는 자녀의 차별성
   :: 부모를 위한 명령
   :: 서로 상반된 성경말씀

Part 2 _ 부모가 자녀들에게

3. 아이를 때려야 하나요, 말로 해야 하나요? ·· 67
   :: 훈육의 상반된 태도
   :: 악한 본성 vs 선한 본성
   :: 성경이 말하는 바른 관점
   :: 훈육과 징벌의 필요성

4. 사랑하기 때문에 때린다는 걸 아이가 알까요? ·· 95
   :: 극단적인 사람의 실수
   :: 훈육을 위한 7가지 원칙
   :: 하나님이 위탁하신 영혼
   :: 그리스도 예수의 마음

5. 아이를 위해 구체적으로 할 수 있는 게 뭘까요? ·· 123
   :: 사도 바울의 중요한 권고
   :: 부모가 책임지는 양육
   :: 무조건 강요하지 않는 부모
   :: 아이를 돕는 7가지 행동

"자녀들아 주 안에서 너희 부모에게 순종하라 이것이 옳으니라
네 아버지와 어머니를 공경하라 이것은 약속이 있는 첫 계명이니
이로써 네가 잘되고 땅에서 장수하리라

또 아비들아 너희 자녀를 노엽게 하지 말고
오직 주의 교훈과 훈계로 양육하라"

_ 엡 6:1-4

* 본서의 성경말씀은 '개역개정'을 사용하였습니다.

Part 1

자녀가
부모님에게

1. 내 맘과 다른 부모님도 공경해야 하나요?
2. 믿지 않는 부모님에겐 어떻게 해야 할까요?

1.
내 맘과 다른 부모님도 공경해야 하나요?

에베소서 6장 1-4절을 함께 생각해 보자. 본문은 에베소서의 새로운 장과 단락이 시작되는 곳으로 부모와 자녀의 관계라는 새로운 주제를 다루고 있다. 바울 사도는 앞에서 하나의 위대한 진리를 제시하고, 다양한 인간관계를 중심으로 한 여러 가지 실천 방법에 대해 논했다[이 책에 수록된 설교는 마틴 로이드 존스가 1954년부터 1962년까지 매주 주일 오전에 런던의 웨스트민스터 채플에서 전했던 에베소서 강해의 일부다. 영국의 배너 출판사(The Banner of Truth Trust)는 로이드 존스의 에베소서 강해를 모두 8권으로 출판했다. 여기에 수록된 설교는 "성령 안에서의 삶"

(엡 5:18-6:9)에서 발췌했다. 클로스장정, ISBN 085151 194 5, 372pp.] 본문도 그러한 실천 방법 가운데 하나다.

바울이 제시한 진리는 "술 취하지 말라 이는 방탕한 것이니 오직 성령으로 충만함을 받으라"는 에베소서 5장 18절 말씀이다. 이 말씀이 바로 핵심 원리이며, 나머지 말씀은 성령 충만한 기독교인이 다양한 상황 속에서 살아가는 방법을 구체적으로 다루고 있다. 아울러 "그리스도를 경외함으로 피차 복종하라"는 21절의 말씀은 핵심 원리를 보완하는 또 하나의 원리를 제시한다.

바울 사도는 기독교인의 삶이 전적으로 새로운 삶임을 강조한다. 바울에 따르면, 자연인의 삶은 아무리 탁월해도 기독교인의 삶과는 근본적으로 다르다. 바울은 회심 이전의 믿음 없는 삶과 새로운 삶을 대조하는 데 우선적으로 관심을 기울였다. 그는 이 두 가지 삶의 차이를 술 취한 사람과 성령 충만한 사람의 차이에 비유했다. 특별히 내가 이 부분을 짚고 넘어가는 이유는, 우리가 단지 윤리나 도덕성의 문제가 아니라 기독교의 진리와 교리를 적용하는 문제를 다루고 있다는 점을 상기시켜 주기 위해서다.

사도 바울은 자신이 제시한 원리를 남편과 아내의 관계에 적용한 뒤 다시 가족들의 관계, 특히 부모와 자녀 혹은 자녀와 부모의 관계에까지 확대시킨다. 실로 이 문제는 매우 심각하다. 오

> 날로 불법이 성행하는 이유는 사회의 기본 단위인 가정에서 훈육이 제대로 이루어지지 않기 때문이다.

늘날 이러한 진단에 대해 이의를 제기할 사람은 아무도 없다. 우리는 자녀 훈육의 기틀이 심하게 무너지고 있는 세상에 살고 있다.

날로 불법이 성행하는 이유는 사회의 기본 단위인 가정에서 훈육이 제대로 이루어지지 않기 때문이다. 불법의 정신이 도처에 횡행하는 탓에, 전에는 당연시 되었던 일들이 의심과 조소의 대상으로 전락하거나 심지어는 아예 무시되고 있는 실정이다. 요컨대 우리는 악의 누룩이 사회 전반에 걸쳐 활발하게 영향력을 행사하는 시대에 살고 있다.

:: 불신앙의 시대

기독교인이든 아니든, 인간 사회를 주의 깊게 관찰해 본 사람이라면 누구나 이른바 문명과 사회라는 것이 붕괴되고 있는 현실을 인정하지 않을 수 없다. 이러한 현상은 부모와 자녀의 관

계에서 가장 극명하게 나타난다.

나는 오늘날 우리가 직면한 상황이 대부분 이전 시대에 성행했던 사회적 현상에 대한 반발심에서 비롯한다고 생각한다. 이에 대한 자세한 설명은 뒤로 미루기로 하고, 지금은 우리의 주제와 관련해서 필요한 것만을 간단히 언급하고자 한다. 이전 시대의 아버지는 권위적이고 엄격했을 뿐 아니라, 심지어는 잔인한 폭군과도 같은 면이 있었다. 오늘날의 현상은 바로 그에 대한 반발심에서 생겨났다. 물론, 이런 말을 하는 이유는 현재 상황을 적당히 얼버무리기 위해서가 아니라 문제의 핵심을 파악하여 그 뿌리를 파헤치기 위해서다. 어떤 원인을 내세우든지, 문제의 핵심은 명백히 올바른 훈육 및 법과 질서의 근간이 무너진 데 있다.

성경의 가르침과 역사를 돌아보면, 불신앙의 시대에는 늘 오늘날과 같은 현상이 나타났던 것을 알 수 있다. 로마서 1장 8절에서부터 마지막 절에 묘사된 세상의 면면이 그 대표적 사례다. 사도 바울은 주님이 세상에 오셨을 때의 상황을 적나라하게 묘사했다. 한마디로, 당시는 불법의 상태였다. 바울은 불법의 다양한 형태를 구체적으로 보여 주었다. 그가 언급한 내용에는 지금 우리가 다루려는 주제가 포함되어 있다.

먼저, 바울은 "하나님께서 그들을 그 상실한 마음대로 내버려 두사 합당하지 못한 일을 하게 하셨으니"(28절)라고 말한 뒤, "곧 모든 불의, 추악, 탐욕, 악의가 가득한 자요 시기, 살인, 분쟁, 사기, 악독이 가득한 자요 수군수군하는 자요 비방하는 자요 하나님께서 미워하시는 자요 능욕하는 자요 교만한 자요 자랑하는 자요 악을 도모하는 자요 부모를 거역하는 자요 우매한 자요 배약하는 자요 무정한 자요 무자비한 자라"(29-31절)고 설명했다. 보다시피, 그는 끔찍한 죄의 목록에 "부모를 거역하는 자"를 포함시키고 있다.

바울은 그의 마지막 서신으로 추정되는 디모데후서에서도 다음과 같은 말로 그 시대의 특징을 나열했다.

"너는 이것을 알라 말세에 고통하는 때가 이르러 사람들이 자기를 사랑하며 돈을 사랑하며 자랑하며 교만하며 비방하며 부모를 거역하며 감사하지 아니하며 거룩하지 아니하며 무정하며 원통함을 풀지 아니하며 모함하며 절제하지 못하며 사나우며 선한 것을 좋아하지 아니하며 배신하며 조급하며 자만하며 쾌락을 사랑하기를 하나님 사랑하는 것보다 더하며"(딤후 3:1-4).

> 범죄 행위는 명백히 불신앙의 결과다. 의의 회복을 위한 유일한 희망은 오직 경건한 믿음의 부흥에 있다.

방금 인용한 두 말씀은 모두 "부모에 대한 불순종"을 배교의 시대, 즉 세상의 근간이 송두리째 흔들리는 불신앙의 시대에 나타나는 죄의 하나로 간주한다. 따라서 바울이 성령 충만한 삶을 설명하면서 부모와 자녀의 문제를 거론한 것은 매우 당연한 일로 여겨진다.

이러한 맥락에서, 정부 관리들은 도덕성의 부재와 그릇된 행위가 다름 아닌 불신앙에서 비롯한다는 사실을 인식해야 한다. 바울은 로마서 1장 18절에서 "하나님의 진노가 불의로 진리를 막는 사람들의 모든 경건하지 않음과 불의에 대하여 하늘로부터 나타나나니"라고 말했다. 곧 경건하지 못하면 불의를 저지를 수밖에 없다는 뜻이다. 그러나 안타깝게도, 어떤 당파가 정권을 잡든지 정부 관리들은 대개 성경보다는 현대 심리학을 신봉한다. 그들은 한결같이 범죄 행위를 인위적인 수단으로 다스릴 수 있다고 확신한다. 하지만 그것은 불가능하다. 범죄 행위는 명백히 불신앙의 결과다. 의의 회복을 위한 유일한 희망은 오직 경건한 믿음의 부흥에 있다. 이것이 바로, 바울 사도가 에베소 신자들과 우리에게 전하고자 하는 요점이다.

우리나라를 비롯해 세계 여러 나라의 역사를 돌아보면, 강력한 믿음의 부흥이 이루어졌던 시기에 가장 훌륭하고 도덕적인 사회가 구축되었다는 사실을 알 수 있다. 50년 전만 해도 아동과 청소년 문제가 오늘날처럼 심각하지는 않았다. 그때에는 범죄 행위도 비교적 적었고, 자녀 훈육의 양상도 지금과는 달리 건실했다. 그 이유는 18세기 대각성 운동의 전통이 여전히 사회에 영향을 미치고 있었기 때문이다. 하지만 세월이 흐르면서 그러한 전통의 영향력이 약화되자 사도 바울이 언급한 도덕적, 사회적 문제가 다시 고개를 쳐들기 시작했다. 이렇듯, 인류의 역사는 불신앙과 불법의 상관관계를 잘 보여 준다.

오늘날의 상황은 바울 사도의 말에 진지하게 관심을 기울일 것을 촉구한다. 기독교를 믿는 부모와 자녀, 즉 기독교인 가정은 세상과는 구별되는 삶을 통해 오늘날의 상황을 복음 증거의 발판으로 삼아야 한다. 우리는 올바른 훈육 및 법과 질서에 근거한 부모와 자녀의 관계를 통해 참 증인의 역할을 수행해야 할 뿐 아니라 하나님의 도구가 되어 많은 사람을 진리로 인도해야 한다. 기독교인이라면 오늘의 현실을 바로 이 관점에서 바라봐야 한다.

:: 부모를 공경한다는 것

이제는 바울의 가르침에 귀를 기울여야 할 두 번째 이유를 살펴보기로 하자. 기독교인은 물론이거니와 비기독교인들도 바울의 권고에 귀를 기울여야 할 필요가 있다. 마귀는 언제나 음흉한 술책으로 우리를 타락의 길로 인도하려 애쓰고 있기 때문이다. 예수님은 마태복음 15장에서 당시의 종교인들에게 바로 이 점을 지적하셨다. 그 이유는 그들이 교묘한 방법으로 십계명을 어겼기 때문이다. 십계명에서는 부모를 공경하라고 명령한다. 부모를 존중하고 그들을 돌보는 것이 곧 하나님의 계명이다. 하지만 당시의 종교인들은 십계명을 지키지 않으면서도 의롭고 경건한 척 위장했다. 그들은 "어쩌죠? 가진 돈을 다 하나님께 바쳐버려서 부모님을 돌보아 드릴 수가 없군요"라고 말했다. 이에 대해 예수님은 이렇게 지적하셨다.

"너희는 이르되 누구든지 아버지에게나 어머니에게 말하기를 내가 드려 유익하게 할 것이 하나님께 드림이 되었다고 하기만 하면 그 부모를 공경할 것이 없다 하여… 하나님의 말씀을 폐하는도다"(마 15:5-6).

그런데 그들은 "이것은 고르반입니다. 하나님께 바쳐진 것이지요. 물론, 저의 마음은 부모님을 돕고 싶습니다. 하지만 하나님께 이미 드렸으니 어쩔 수 없습니다"라고 변명했다. 그들은 그런 식으로 부모님과 그분들에 대한 의무를 무시했던 것이다.

그것은 은밀한 유혹이었다. 그리고 이러한 유혹은 오늘날의 우리에게도 똑같이 존재한다. 사탄에게 미혹되어 부모 공경의 의무를 저버림으로써 기독교에 악영향을 미치는 젊은이들이 의외로 많다. 그들은 부모에게 무례하다. 그들의 무례함이 더욱더 심각한 이유는, 겉으로는 기독교의 이상을 추구하고 믿음으로 봉사 활동을 하는 척하면서도 부모에 대한 의무를 소홀히 하기 때문이다. 결과적으로 그들의 태도는 기독교를 믿지 않는 부모를 실족시킨다. 그들은 기독교인이 되는 순간부터 더욱 열심히 부모를 공경하고 돌봐야 한다는 사실을 전혀 이해하지 못하고 있는 것이다.

이러한 현실을 염두에 두고 이 문제에 관한 바울의 가르침을 좀더 자세히 살펴보기로 하자. 사도 바울은 먼저 부부 관계에 적용했던 원리를 자녀들에게 대입하는 데서부터 출발한다. 즉, 그는 권위 아래 있는 자, 다시 말해 순종해야 할 입장에 놓여 있는 사람들을 먼저 언급하고 있다. 에베소서 5장에서도 바울은

> "순종"은 단지 부모의 말을 듣는 데서 그치지 않고, 부모의 권위를 인정하고 그 아래 복종하는 것을 의미한다.

아내에게 먼저 조언한 다음 남편에게로 나아갔다. 마찬가지로 바울은 자녀들에게 먼저 말을 한 뒤에 부모에게로 나아간다. 그가 그런 방식을 취했던 이유는 "그리스도를 경외함으로 피차 복종하라"는 근본 원리를 구체적으로 설명하기 위해서였다. 즉 바울은 "자녀들아 너희 부모에게 순종하라"고 명령한 다음, "네 아버지와 어머니를 공경하라"는 계명을 상기시키는 순서를 택했다.

그런데 이 부분에서는 기독교와 이방 종교 간의 차이를 엿볼 수 있다. 이방인들은 이 문제를 다룰 때 부모를 함께 말하지 않았으며 단지 아버지만을 언급했다. 하지만 기독교의 입장은 모세 율법을 믿는 유대교와 마찬가지로 부모를 함께 언급한다. 십계명은 부모에게 순종하라고 명령했다. 여기에서 말하는 "순종"은 단지 부모의 말을 듣는 데서 그치지 않고, 부모의 권위를 인정하고 그 아래 복종하는 것을 의미한다. 마찬가지로 계명을 지킨다는 것 역시, 단지 계명을 귀로 듣는 것이 아니라 순종함으로써 실천에 옮기는 행위를 뜻한다.

부모에 대한 순종은 무엇보다도 "네 아버지와 어머니를 공경하라"는 말씀이 알려주듯이 "공경"의 개념에 근거한다. "공경"은 "존경" 또는 "존중"을 의미한다. 바로 이것이 "부모를 공경하라"는 계명의 핵심이다. 형식적인 순종이나 마지못해 하는 순종은 부모 공경과는 거리가 멀다. 그러한 순종은 잘못일 뿐 아니라 알맹이가 빠진 껍데기에 불과하다. 예수님이 바리새인들을 강하게 질책하신 이유가 바로 여기에 있다. 모름지기 자녀들은 부모를 존경하고 존중해야 한다. 자녀들은 부모 공경을 당연하게 생각하고 그것을 큰 특권으로 알아 기뻐해야 하며, 모든 행동에 항상 부모에 대한 존경심을 드러내야 한다.

바울의 교훈은 기독교를 믿는 자녀가 "부모가 다 뭐야? 왜 내가 부모의 말을 들어야 하지?"라고 말하는 불신자들과는 구분되어야 한다고 권면한다. 불신자들은 부모를 "시대에 뒤떨어진 사람"으로 무시하면서 그 앞에서 예의를 갖추지 않는다. 그들은 매사에 자신들의 생각과 권리만을 주장하며 스스로 "현대적"이라고 자부한다. 그리고 바로 이런 점에 있어서 에베소 신자들이 몸담았던 이교 사회나 오늘날 우리가 사는 사회는 하나도 다를 바가 없다.

우리는 신문을 통해 불법이

> 부모에 대한 순종은 무엇보다도 "공경"의 개념에 근거한다. "공경"은 "존경" 또는 "존중"을 의미한다. 바로 이것이 "부모를 공경하라"는 계명의 핵심이다.

우리의 삶에 미치는 영향과 흔히 말하듯 "어린 나이에 다 자란 어른처럼 구는" 젊은이들의 행동거지를 엿볼 수 있다. 물론, 어린 나이에 다 자라는 경우는 없다. 생리적인 성장 속도는 변하지 않기 때문이다. 변하는 것은 정신 상태와 가치관이다. 요즘의 젊은 세대는 성경의 원리나 성경의 가르침에 순종하지 않고 반항적인 태도를 취한다. 그래서 오늘날, 부모에게 불손하게 말하거나 무시하는 눈길로 부모를 쳐다보거나, 또 부모의 말이라면 그저 우습게 여기고 오직 자신들의 생각과 권리만을 주장하는 젊은이들을 도처에서 찾아볼 수 있다.

이런 현상은 이 시대의 가장 추악한 죄와 불법 가운데 하나다. 바울 사도는 그런 태도를 취하는 사람들에게 "자녀들아, 부모에게 순종하라. 네 아버지와 어머니를 공경하라. 자녀의 위치를 깨닫고 그에 걸맞게 행동하라"고 명령한다.

:: 이것이 옳으니라

그렇다면 사도 바울은 무엇에 근거해 그렇게 명령했을까? 우리는 "이것이 옳으니라"는 말에서 그 첫 번째 근거를 찾아볼 수 있다. 이 말에는 "이것이 의롭다. 그 자체로나 본질적으로 선하고 옳은 일이다"라는 의미가 담겨 있다. 사도 바울이 그런 말을 한 것이 놀라운가? 스스로 신령하다고 믿는 어떤 기독교인들은 이성적인 주장을 거부하는 경향을 보인다. 그들은 "이제 기독교인이 되었으니 더 이상 자연의 이치에 근거한 사고는 필요 없어"라고 말하곤 한다.

하지만 바울 사도는 그런 식으로 말하지 않는다. 그는 그저 "자녀들아, 너희 부모를 공경하라"고 말했다. 누군가가 "왜 부모를 공경해야 하죠?"라고 묻는다면, 나는 "그것이 옳은 일, 즉 의로운 행위이기 때문입니다"라고 대답할 것이다. 기독교인은 자연의 이치를 무시하지 않는다. 오히려, 기독교인은 자연의 이치에서부터 시작한다.

"옳으니라"는 바울의 말은 태초에 정해진 창조 질서를 상기시킨다. 그의 말은 창세기까지 거슬러 올라간다. 우리는 이미 바울이 남편과 아내의 관계에 같은 논리를 적용했던 사실을 살펴본 바 있다. 그는 창세기에 실린 "이러므로 남자가 부모를 떠나 그 아내와 합하여 둘이 한 몸을 이룰지로다"는 말씀을 인용했다. 그는 결혼 관계를 다룰 때도 주저하지 않고 "근본적이고, 자연적인 것, 즉 태초에 정해진

> 기독교인은 자연의 이치를 무시하지 않는다. 오히려, 기독교인은 자연의 이치에서부터 시작한다.

남녀 관계의 원리에 복종하라"고 권고했다.

이제 그는 자녀 문제와 관련해서도 태초에 정해진 원리를 제시한다. 이 원리는 태초부터 삶의 기본 원칙이자 자연의 질서 가운데 하나로 존재해 왔다. 이와 같은 원리는 비단 사람들만이 아니라 동물들에게서도 확인된다. 동물 세계에서도 어미는 갓 태어난 새끼를 돌보고, 먹이고, 보호한다. 더욱이 어미는 단순한 양육에 그치지 않고 새끼들에게 다양한 기술을 가르치기도 한다. 예를 들어 날짐승은 새끼에게 날개 사용하는 법을 가르치고, 들짐승은 새끼에게 걷는 법과 생존의 기술을 가르친다. 이것이 곧 자연의 질서다. 아무것도 모르는 연약한 새끼는 부모의 보호와 인도, 도움과 지도를 필요로 한다. 사도 바울이 "부모에게 순종하라 이것이 옳으니라"고 말한 이유가 여기에 있다. 기독교인들 역시 바로 이러한 자연의 질서에 속해 있다.

한편으로는 기독교인들에게 이런 말까지 해야 하는 현실이 너무나 안타깝다. 도대체 어쩌다 사람들이 자연의 질서에 내재된 자명한 원리마저 도외시하는 상황이 되고 말았을까? 이 자명한 원리는 세상의 지혜만으로도 충분히 알 수 있는데 말이다. 비기독교인들도 훈육과 질서의 원리를 잘 이해하고 있다.

어떻게 이런 일이 가능할까? 그 이유는 인간의 삶과 자연의 이치가 분명히 연결되어 있기 때문이다. 부모에 대해 반항과 불순종을 일삼는 자녀는 우둔한 바보가 아닐 수 없다. 때로 동물들이 그런 일을 저지르는 모습에 우리는 실소를 금치 못한다. 하물며 인간인 우리가 그런 일을 저지른다면, 더더욱 우스꽝스럽지 않겠는가? 자녀가 부모에게 순종하지 않는 것은 자연의 이치에 어긋나는 일이다. 그런 자녀는 인간의 본성에 깊이 뿌리박혀 있는 원리를 파괴하는 자이다. 인간의 삶은 이러한 근본 원리에 기초하고 있다. 따라서 그러한 근본 원리가 무너진다면 곧 혼란이 찾아오고, 인간의 삶은 종말을 고하게 될 것이다.

"이것이 옳으니라." 신약성경이 삶의 근본 원리를 강조한다는 사실은 참으로 놀랍다. 한 가지 짚고 넘어갈 것은 우리가 구약성경과 신약성경을 서로에게서 분리한 채 생각해서는 안 된다는 점이다. "나는 이제 기독교인이 되었으니 구약성경에는 더 이상 관심이 없어"라는 것보다 더 무지한 말은 없다. 그런 생각은 전적으로 잘못이다. 사도 바울은 태초에 세상을 창조하신 하나님과 구원을 베푸시는 하나님이 동일한 분이라는 사실을 상기시켜 준다. 처음부터 마지막까지 하나님은 오직 한 분뿐이다.

하나님은 남자와 여자, 부모와 자녀가 자연의 질서를 따라 올바른 일을 행하도록 만드셨다. 하나님은 삶의 근본 원리를 설정하셨다. 인간의 삶은 그분이 정하신 원리에 따라 진행된다. 그러므로 사도 바울의 권고는 다음과 같이 풀이할 수 있다. "이것이 옳다. 이것이 곧 근본이고 기본이며 자연의 질서다. 이 원리를 무시하지 말라. 이를 무시하는 것은 곧 기독교를 부인하는 행위이자, 근본 원리를 세우시고 그 원리대로 삶이 이루어지게 하시는 하나님을 부인하는 것이다. 순종은 옳은 일이다."

:: **약속 있는 첫 계명**

물론, 사도 바울은 자연의 이치를 강조하는 데서 그치지 않는다. 그의 말은 곧 두 번째 논지를 향해 나아간다. 그는 "이것이 옳으니라"고 말한 뒤에 "이것은 약속이 있는 첫 계명이니"라고 덧붙였다. "네 아버지와 어머니를 공경하라 이것은 약속이 있는 첫 계명이니." 바울은 부모 공경이 본질적으로 옳은 행위일 뿐 아니라 하나님의 십계명 가운데 하나라는 점을 강조했다. "네 아버지와 어머니를 공경하라"는 십계명 가운데 다섯 번째 계명에 해당한다.

여기에서 한 가지 흥미로운 사실을 발견할 수 있다. 어떤 점에서 십계명에는 전혀 새로운 내용이 없었다는 사실이 그러하다. 그렇다면 하나님이 굳이 십계명을 주신 까닭은 무엇일까? 그것은 이스라엘 백성을 비롯해 온 인류가 어리석게도 하나님이 정하신 삶의 근본 원리를 망각한 채 곁길로 치우쳤기 때문이다. 바꾸어 말하면 "내가 잊혀진 원리를 하나씩 다시 알려주겠다. 그 모든 원리를 글로 써서 기억하게 만들겠다"는 것이 하나님의 의도였다. 부모에게 순종하지 않는 것이나 도적질하거나 간음을 저지르는 것은 고대로부터 항상 범죄 행위로 간주되어 왔다. 따라서 그런 행위들을 금하는 법은 십계명이 처음이 아니었다. 다만 하나님이 십계명을 주신 이유는 "이것들이 너희가 늘 지켜야 할 법이다"라는 점을 주지시키기 위해서였다. 아울러, 부모 공경에 관한 십계명의 다섯 번째 계명은 "약속이 있는 첫 계명"이었다. 이처럼 하나님은 우리가 그 점에 관심을 기울이기를 원하신다.

그러면 "약속이 있는 첫 계명"이란 도대체 무슨 의미일까? 이는 쉽게 대답하기 어려운 문제다. 정확한 대답은 불가능하다. 우선, 이 말이 "약속이 딸려 있는 첫 번째 계명"이라는 뜻은 아님은 분명하다. 왜냐하면 다른 계명들 가운데 약속이 딸려 있는 계명은 하나도 없기 때문이다. 여섯 번째, 일곱 번째, 여덟 번째, 아홉 번째, 열 번째 계명에 각각 약속이 딸려 있다면, 다섯 번째 계명을 약속이 딸린 첫 번째 계명으로 생각할 수 있겠다. 그러나 다른 계명들에는 그러한 약속이 없다. 따라서 바울의 말에는 다른 의미가 있는 것이 틀림없다.

그러면 "첫 계명"이란 과연 무슨 의미일까? 어쩌면 다섯 번째 계명에서부터 사람들과의 관계에 관한 계명이 시작된다는 의미였는지도 모른다. 잘 알다시피, 십계명의 처음 네 계명은 우상 숭배, 하나님의 이름, 안식일과 같은 문제를 다루고 있으며 나머지 여섯 계명은 사람들과의 관계를 다룬다. 또한 이 말은 순서상의 첫 번째가 아니라 서열상의 첫 번째, 즉 하나님이 약속을 덧붙일 정도로 가장 중요하고 으뜸이 되는 계명이라는 의미를 담고 있을 수도 있다. 물론, 십계명 가운데 나머지 계명들보다 특별히 더 중요한 계명은 없다. 모두 다 똑같이 중요하다. 다만 상대적으로 중요한 계명은 있을 수 있다. 따라서 나는 이 "첫 계명"이란 말을 "이를 무시할 경우에는 사회의 근간이 허물어질 수밖에 없는 규범"이라는 의미로 이해하고 싶다.

우리가 원하든 원하지 않든, 가정의 붕괴는 곧 사회 전체의 붕괴로 이어진다. 이것이 오늘날 사회를 가장 크게 위협하는 요소다. 가정의 개념과 가족 관계 및 가정생활이 깨어지면, 우리는 헌신의 목표를 잃고 만다. 이는 매우 심각한 사태가 아닐 수 없다. 하나님이 다섯 번째 계명에 약속을 덧붙이신 이유가 바로 여기에 있는 듯하다.

아울러 본문의 의미는 이에 그치지 않고 한층 더 깊은 진리를 드러낸다. 부모와 자녀의 관계는 그 자체로 독특한 의미를 지니지만, 나아가 그보다 한 차원 높은 관계를 암시하기도 한다. 하나님이 곧 우리의 아버지이신 까닭이다. 하나님은 직접 "아버지"라는 용어를 사용하셨다. 예수님은 "하늘에 계신 우리 아버지여"라고 기도하라고 가르치셨다. 그러므로 육신의 아버지는 하늘의 아버지를 상기시킨다. 자녀와 부모의 관계는 온 인류와 하나님의 관계를 생각나게 한다. 우리는 모두 하나님의 자녀이며 하나님은 우리의 아버지이시다. "우리는 그분의 소생이다"(행 17:28). 부모와 자녀의 관계는 기독교인들과 하나님과의 관계를 반영하는 원형이자 증거이며 또한 본보기이다.

바울은 에베소서 3장 14절과 15절에서 그와 같은 사실을 언급했다. 그는 "이러므로 내가 하늘과 땅에 있는 각 족속에게 이름을 주신 아버지 앞에 무릎을 꿇고 비노니"라고 말했다. 어떤 사람들은 이 말씀을 "하나님은 모든 아버지의 아버지이시다"

라고 번역해야 한다고 주장한다. 그러나 어떻게 번역하든, 부모와 자녀의 관계가 하나님과 우리의 관계를 반영한다는 암시는 변하지 않는다. 이런 점에서 부모와 자녀의 관계는 매우 독특하다.

앞서 살펴본 남편과 아내의 관계는 그리스도와 교회의 관계를 반영하며, 부모와 자녀의 관계는 하나님이 아버지이시고 우리가 그분의 자녀라는 사실을 암시한다. 가족의 관계, 즉 부모와 자녀의 관계에는 이처럼 신성한 의미가 담겨 있다. 이것이 곧 하나님이 부모 공경을 십계명에 포함시키신 이유다. 심지어 하나님은 "네 부모를 공경하라"는 계명에 약속을 덧붙이기까지 하셨다.

그렇다면 그 약속의 내용은 무엇이었을까? 그것은 "이로써 네가 잘 되고 땅에서 장수하리라"는 약속이었다. 이 약속이 본래 이스라엘 백성에게 주어졌을 때는, "내가 너를 인도하는 약속의 땅에서 오래 살고 싶다면 모든 계명을 지키되 특히 이 계명을 준수하라. 나의 축복 아래 약속의 땅에서 행복하게 살고 싶다면, 모든 계명을 지키되 특히 이 계명을 준수하라"는 뜻을 지녔다. 이것이 본래의 약속이었다.

하지만 사도 바울은 기독교인으로 개종한 유대인과 이방인을 동시에 상대해야 했던 관계로 이 약속을 일반화시켰다. 고로 바울의 말은 "땅에서 잘 되고 장수하며 만족을 누리고 싶으면 너희 부모를 공경하라"는 뜻을 담고 있다.

그러면 부모에 대한 의무를 잘 이행하면 반드시 장수한다는 뜻일까? 아니, 꼭 그렇지는 않다. 단, 하나님의 축복 아래 행복을 누리며 만족스럽게 살아가기를 원한다면 이 계명을 필히 지켜야 한다. 하나님이 그런 사람을 만인의 본으로 삼으시기 위해 장수의 축복을 허락하실 수도 있기 때문이다. 물론 부모를 공경하는 이는 언제 세상을 떠나든지 하나님의 선하신 손길과 축복 아래 행복한 삶을 누릴 수 있다.

단, 부모 공경이 형식적이어서는 안 된다. 우리가 계명들을 지키되 특히 이 계명을 올바른 마음으로 힘써 지킨다면, 하나님은 우리를 기쁘게 여기시고 은혜와 축복을 베풀어 주실 것이다. 그와 같은 약속을 허락해 주신 하나님께 감사한다.

:: **보다 높은 부르심**

이제 마지막으로 세 번째 요점을 생각해 보기로 하자. 사도 바울은 "자녀들아 너희 부모에게 순종하라. 네 아버지와 어머니를 공경하라"고 말했다. 이는 자연의 질서이자 또한 세상의 법이기도 하다. 아울러, 이 계명은 한 걸음 더 나아가 은혜이기도 하다. 요컨대 이 계명은 자연의 법칙과 은혜의 차원을 총망라한다. 바울은 "주 안에서 부모에게 순종하라"고 말했다. 우리는 이 "주 안에서"라는 말의 위치를 올바로 이해해야 한다. 즉, 바울의 말은 "자녀들아 부모에게 주 안에서 순종하라"는 뜻이 아니라 "자녀들아 주 안에서 부모에게 순종하라"는 뜻을 담고 있다. 여기에서 바울은 아내와 남편의 경우를 다룰 때와 똑같은 입장을 견지한다.

"그러므로 교회가 그리스도에게 하듯 아내들도 범사에 자기 남편에게 복종할지니라 남편들아 아내 사랑하기를 그리스도께서 교회를 사랑하시고 그 교회를 위하여 자신을 주심같이 하라"(엡 5:24-25).

종들을 권고하는 말도 마찬가지다. 바울은 "종들아 육체의 상전에게 순종하기를 그리스도께 하듯 하라"고 말했다. 이것이 바로 "주 안에서"의 의미다. 우리가 공손한 태도로 부모에

> 부모에 대한 순종은 그리스도와의 관계와 그분에 대한 순종에서부터 자연스레 우러나와야 한다.

게 순종해야 할 이유는 그것이 곧 주 예수 그리스도께 순종하는 것이기 때문이다. 이것이야말로 순종의 궁극적인 이유다. 자연의 질서가 순종을 말하고 세상의 법이 그를 요구하지만, 기독교인들에게는 순종에 대한 더 크고 더 강력한 또 다른 이유가 존재한다. 즉, 부모를 공경해야 할 이유는 그것이 예수님의 계명이자 요구이기 때문이다. 부모에 대한 순종은 그리스도와의 관계와 그분에 대한 순종에서부터 자연스레 우러나와야 한다. 바울의 말은 "자녀들아, 부모에게 순종하기를 그리스도께 하듯 하라"는 뜻이었다. 자연의 질서와 세상의 법은 보조적인 역할을 할 뿐이다. 우리는 그러한 수준에 머물지 말고, 그리스도를 따라 계명에 순종해야 한다.

다시 말하지만, 신약성경의 가르침은 늘 이런 식이다. 기독교는 자연의 이치에 국한되지 않는다. 물론, 여기에서 자연은 "타락한 자연"이 아니라 하나님이 본래 창조하시고 설계하셨던 "선한 자연"을 말한다. 기독교는 자연과 모순되지 않는다. 초기 기독교인들 가운데는 기독교가 자연의 이치와 모순된다는 생각을 부부 관계에까지 적용하려고 했던 사람들이 있었다. 특별히 바울은 고린도전서 7장에서 그 문제를 다루었다. 고린도 교회의 신자들 가운데는 "나는 기독교인이 되었지만 아내는 아

> "주님께 하듯이" 계명에 순종하라. "주 안에서" 부모에게 순종하라. 그것이 가장 훌륭한 동기다.

직 기독교를 믿지 않아. 나는 기독교인이고 아내는 아니니, 차라리 갈라서는 편이 낫겠어"라고 생각했던 사람들이 있었다. 물론, 그렇게 생각하기는 아내도 마찬가지였다. 하지만 바울은 그런 생각이 잘못이라고 단언했다. 기독교는 자연의 이치를 부인하거나 적대하라고 요구하지 않기 때문이다. 고로 우리는 자연의 이치를 거부해서는 안 된다. 오히려 기독교인은 자연적인 것을 거룩하게 승화시킬 수 있어야 한다.

율법과의 관계 역시 마찬가지다. 기독교는 율법을 폐하지 않는다. 기독교는 율법에 은혜를 더하여 율법을 지킬 수 있게 만든다. 율법은 "자녀들아 부모를 공경하라"고 명령한다. 물론, 기독교도 똑같은 계명을 제시한다. 하지만 기독교는 계명에 순종해야 할 이유를 한층 더 분명히 드러내며, 더욱 깊은 깨달음과 이해력을 제공한다. 기독교인인 우리는 무슨 계명을 지키든지 "주님께 하듯이" 해야 한다는 점을 알고 있다. 그리고 예수님은 성부 하나님의 율법을 완성하기 위해 세상에 오셨다. 예수님은 하나님의 율법을 지키셨고, 율법에 따라 사셨다. 예수님이 우리를 구원하신 이유는 "선한 일에 열심을 내는 자기 백성이 되게 하시기 위해서", 즉 율법을 성취하게 하시기 위해서다. 예수님이 자신을 내어 주신 이유는 "육신을 따르지 않고 그 영을 따라 행하는 우리에게 율법의 요구가 이루어지게 하려 하심"이었다(롬 8:4). 이렇듯, 은혜는 계명을 가장 높은 수준으로 끌어올린다. 우리는 우리를 지켜보는 하나님을 기쁘시게 하기 위해 부모에게 순종하고, 부모를 공경해야 한다.

사도 바울은 에베소서 3장 10절에서 "이는 이제 교회로 말미암아 하늘에 있는 통치자들과 권세들에게 하나님의 각종 지혜를 알게 하려 하심이니"라고 말했다. 하늘의 천사들과 정사와 권세들은 우리 기독교인들이 하나님의 뜻에 순종하며 살아가는 모습을 내려다보면서 성자 하나님이 우리를 하나님의 친 백성으로 삼으셔서 죄가 가득한 세상에서 그분의 계명을 지키게 하셨음을 알고 놀라워할 것이다.

그러므로 "주님께 하듯이" 계명에 순종하라. "주 안에서" 부모에게 순종하라. 그것이 가장 훌륭한 동기다. 그런 순종만이 주님을 기쁘시게 할 수 있다. 주님의 가르침과 말씀은 우리의 행동을 통해 구현되어야 한다. 주님이 세상에 오셔서 우리를 구원하시고 깨끗하게 하신 목적은 우리에게 새로운 본성을 주셔서 새 사람으로 만드시기 위해서다. 사도 바울은 그런 사실을 행동으로 입증하고, 실천을 통해 드러내라고 말한다. 자녀들은 부모에게 순종함으로써 새 사람이 되었다는 증거를 보여 주어야 한다. 기독교를 믿는 자녀들은 신앙이 없는 자녀들과 달라야 한다. 기독교를 믿는 자녀들은 교만하고, 반항적이고, 거만하고, 악한 말을 하는 자녀들과 구별되어야 한다. 기독교를 믿는 자녀들은 성령이 자기 안에 거하시고, 자신이 그리스도에게 속했다는 사실을 행동으로 보여 주어야 한다. 우리는 이 놀라운 기회를 절대로 놓쳐서는 안 된다. 그런 삶을 살아야만 주님께 큰 기쁨을 안겨 드릴 수 있다.

:: **예수님을 따르는 길**

이밖에도 "자녀들아 부모에게 순종하라"는 명령을 지켜야 할 이유가 하나 더 있다. 예수님은 세상에 계실 때 친히 부모 공경의 본을 보여 주셨다. 누가복음 2장 51절을 읽어 보자.

"예수께서 함께 내려가사 나사렛에 이르러 순종하여 받드시더라."

이 말씀은 예수님이 열두 살이셨을 때의 상황을 묘사한다. 예수님은 요셉과 마리아와 함께 예루살렘에 올라가셨다. 마리아와 요셉은 순례를 마치고 고향으로 돌아가는 도중에 하룻길이 지나서야 비로소 예수님이 자신들의 뒤를 따라오지 않으셨다는 사실을 알아차렸다. 그들은 부랴부랴 예루살렘으로 되돌아갔고, 마침내 성전에서 율법 학자들과 대화를 나누시는 예수님을 발견했다.

율법 학자들은 예수님의 지혜에 놀라며 말을 잇지 못했다. 자신을 찾으러온 요셉과 마리아에게 예수님은 "내가 내 아버지 집에 있어야 될 줄을 알지 못하셨나이까?"라고 말했다. 예수님은 열두 살의 어린 나이에 이미 자신의 소명을 분명히 의식하고 있었다. 하지만 "예수께서 함께 내려가사 나사렛에 이르러 순종하여 받드시더라"라는 말씀대로, 예수님은 일단 나사렛에 가셔서 요셉과 마리아를 섬기셨다. 인간의 몸을 입으신 하나님의 아들이 요셉과 마리아에게 순종하신 것이다. 예수님은 자신이 성부 하나님의 사역을 행하기 위해 세상에 오셨다는 사실을 의식하셨지만, 겸손히 자신을 낮춰 육신의 부모에게 순종하셨다. 그러한 모습은 예수님이 하나님의 율법을 단 하나라도 소홀히 하지 않음으로써 하늘에 계신 성부를 기쁘시게 하고, 또 자신의 뒤를 따르는 우리에게 본이 되시려고 했다는 사실을 일

> 순종은 우리가 주님의 형상을 닮은 존재라는 증거다. 왜냐하면 주님이 세상에 계실 때 행하셨던 일을 본받는 것이기 때문이다.

깨워 준다.

지금까지 "부모를 공경하라"는 명령에 순종해야 할 이유를 여러 각도에서 설명했다. 부모 공경은 옳은 일이다. 그것은 자연의 이치이자 하나님의 계명이며, 하나님을 기쁘시게 하는 일이기도 하다. 아울러, 순종은 우리가 주님의 형상을 닮은 존재라는 증거다. 왜냐하면 주님이 세상에 계실 때 행하셨던 일을 본받는 것이기 때문이다. 하나님이 우리 각자에게 이 계명을 지켜야 할 중요성을 깨닫게 해 주시기를 바란다.

바울 사도의 가르침은 항상 그렇듯이 언제나 공평하다. 그는 자녀들에게만 순종을 요구하지 않고 부모를 위한 교훈도 함께 제시했다. 이 점을 염두에 두지 않으면 지금까지 해 온 말들을 오해할 소지가 있다. 부모들이 자녀의 순종만을 생각한다면 심각한 잘못을 저지를 위험이 높아진다. 바울은 자녀를 위한 교훈에 그치지 않고, 한 걸음 더 나아가 부모를 위한 교훈도 제시하고 있다. 물론 지금까지 말한 내용은 모두 자녀에게 해당한다. 한편, "부모가 기독교를 믿지 않는 데도 순종하는 것이 옳은가?" 하는 문제를 궁금히 여길 자녀들이 있을지도 모른다.

부모를 위한 바울의 가르침을 깊이 생각해 보면, 그러한 문제를 해결할 수 있는 실마리를 쉽게 찾을 수 있다. (이것은 다음 장에서 다루고 있다-편집자주) 모쪼록 하나님이 우리 모두에게 이 계명에 진지한 관심을 기울일 수 있는 은혜를 베풀어 주셨으면 하는 마음 간절하다.

2.
믿지 않는 부모님에겐 어떻게 해야 할까요?

부모와 자녀의 관계는 항상 중요한 문제이지만, 요즘에는 특히 더 그렇다. 이 문제는 모든 사람에게 중요하다. 이 문제는 부모를 둔 자녀들이나 자녀를 둔 부모는 물론, 그 밖의 모든 사람의 관심을 촉구한다. 그러나 안타깝게도 이 문제가 자신들에게는 해당하지 않는다고 생각하는 기독교인들이 있다. 예를 들어, 어떤 사람들은 결혼하지 않았다는 이유로 남편과 아내의 관계를 자신들과 무관한 주제로 간주한다. 하지만 기혼이든 미혼이든, 자녀를 낳았든 낳지 않았든, 기독교인이라면 누구나 성경의 모든 진리에 관심을 기울여야 한다. 본인은 미혼이더라도 결혼 생활을 하며 어려움을 겪는 친구가 있을 수도 있다. 그런 경우에 기독교인의 도리를 다하려면, 마땅히 친구를 도와줄 만한 능력이 있어야 한다. 친구를 돕기 위해서는 돕는 방법을 알아야 하는데, 성경을 이해해야만 그에 관한 지식을 얻을 수 있다. 따라서 "이 문제는 나와 하등 상관이 없어"라며 느긋한 입장을 취할 수 있는 사람은 아무도 없다. 결혼을 하지 않았거나, 또 결혼을 해서 자식을 낳지 않았다고 해도 오늘날과 같은 세상에서 어려움을 겪고 있는 부모들의 심정을 이해하고 기꺼이 동정을 베풀 수 있어야 하기 때문이다. 그런 부모에게 도움을 베푸는 것이 기독교인으로서의 바른 도리다. 이런 점에서 이들 계명은 일부 사람들만을 위한 계명이 아니라 우리 모두에게 해당되는 계명이다.

무엇보다도, 우리는 하나님의 진리를 밝히 드러내야 할 뿐 아니라 하나님이 우리에게 어떤 식으로 은혜와 지혜와 자비를 베푸시는지를 알아야 한다. 특히 정부 관리들은 이 문제의 심각성을 깊이 인식해야 한다. 최근에 교육 문제를 다루는 위원회가 가정과 가정생활의 붕괴를 현재 우리나라가 직면한 가장 긴급한 사안 가운데 하나로 인식하기 시작했다. 그렇다면 지금 우리는 이 나라와 이 사회의 장래가 달린 문제를 다루고 있는 셈이다. 따라서 우리 기독교인들은 이 문제에 발벗고 나서서 모범을 보이는 한편, 자녀들과 부모들이 취해야 할 태도와 행복한 가정생활을 영위할 수 있는 방법을 제시해야 한다.

우리는 지금까지 자녀들의 문제만을 생각해 왔다. 자녀들에게 바울은 부모에게 순종하라는 계명을 이야기했다. 이제, 사도 바울은 4절에서 "아비들아 너희 자녀를 노엽게 하지 말라"고 말하고 있다. 바울이 이 명령을 제시한 목적은 앞에서 말한 자녀들을 위한 교훈을 무효화시키기 위해서가 아니라, 오히려 더욱 견고하게 하고 부모 공경을 방해하는 요인들을 제거하기 위해서다.

더욱이, 부모를 위한 계명은 성경의 가르침이 형평성에 근거한다는 사실을 여실히 보여 주는 또 하나의 사례이기도 하다. 성경의 가르침이 항상 형평성에 근거하여 양쪽을 균등하게 다루는 것을 보면, 성경이 하나님의 영감으로 기록된 진리라는 사실을 다시금 확신하게 된다. 우리는 이미 남편과 아내에 관한 교훈을 통해 성경의 거룩한 속성을 확인한 바 있다. 그리고 이제는 부모와 자녀에 관한 교훈은 물론 앞으로 살펴볼 상전과 종에 관한 교훈을 통해 거듭 그러한 사실을 확인할 것이다.

:: 분열과 갈등의 원인, 진리

자녀는 부모가 어떤 사람이든지 간에 순종의 의무를 다해야 한다. 물론, 자녀를 노엽게 하는 부모들이 있다. 하지만 바울 사도는 그런 부모에게도 순종의 의무를 다해야 한다고 말한다. 순종의 의무는 부모의 사람됨과는 아무런 상관이 없다. 심지어 기독교를 믿지 않는 부모라고 해도 마찬가지다.

나는 특별히 이 문제를 진지하게 살펴보고 싶다. 그동안 오랜 목회 생활을 해 오면서 어려움을 호소하는 교인들의 말을 통해 이 문제를 자주 접할 수 있었기 때문이다. 예수님은 마태복음 10장 34절에서 다음과 같이 말씀하셨다.

"내가 세상에 화평을 주러 온 줄로 생각하지 말라 화평이 아니요 검을 주러 왔노라."

예수님은 자신의 진리가 상황을 편안하고 부드럽게 해 주기는커녕 아버지와 아들, 어머니와 딸을 나누는 분열의 원인으로 작용할 것이라고 말씀하셨다. 그 이유는 기독교 신앙을 받아들이는 순간부터 삶의 모든 영역에서 변화가 일어나기 때문이다.

이러한 변화가 가장 크게 영향을 미치는 곳은 두말할 것도 없이 가장 친밀한 관계를 맺고 있는 사람들 사이에서다.

기독교인이 된다는 것은 하나님과 예수 그리스도에게 궁극적인 충성을 바친다는 것을 의미한다. 그런데 이는 충실함과 헌신을 요구하는 다른 모든 관계에 영향을 줄 수밖에 없다. 예수님께서 자신의 진리가 분열과 갈등의 원인이 될 것이라고 말씀하신 이유가 바로 여기에 있다. 예수님은 "사람의 원수가 자기 집안 식구리라"고 말씀하셨다. 우리는 예수님의 말씀대로 그러한 일이 일어날 가능성에 대비해야 한다. 사실, 그런 경우가 현실 속에서 종종 벌어지곤 한다.

흔히 야기되는 상황 가운데 하나는 자녀들만 기독교를 믿고 부모는 믿지 않는 경우다. 그럴 경우에는 부모와 자식 간에 즉각적으로 갈등이 불거진다. 과연 자녀들은 그런 상황에서 무엇을 해야 하며 또 어떻게 처신해야 할까? 나는 사도 바울의 말로 대답을 대신하고자 한다. 사도 바울은 그런 상황에서도 부모를 공경해야 한다고 말한다. 그의 말에는 "자녀들아, 부모가 기독교인이든 불신자든, 또 그들이 어떤 성품을 지녔든지 상관하지

> 기독교인이 된다는 것은 하나님과 예수 그리스도에게 궁극적인 충성을 바친다는 것을 의미한다.

말고 순종하라"는 뜻이 담겨 있다. 부모 공경은 자연의 이치이자 성경의 명령이다. 불행히도, 이 계명을 지키지 못하는 탓에 실족하는 젊은 기독교인들이 많다. 다른 계명들보다 이 계명 때문에 그릇된 길로 치우치는 일이 허다한 것이다.

믿는 자녀는 믿지 않는 부모들에 대해 어떤 태도를 취해야 할까? 이 문제는 매우 찬찬히 정리해야 한다. 믿는 자녀들이 이 문제에 대한 성경의 가르침을 이해하지 못하고 전체를 균형 있게 인식하지 못한 탓에 큰 피해가 초래될 때가 많다. 다시 말해, 그런 식의 태도는 부모가 기독교를 믿을 수 있는 가능성을 차단해 버린다.

∷ 기독교인의 균형

그러나 "자녀들아 부모에게 순종하라"는 계명은 단 한 가지 상황을 예외로 한다. 단 한 가지 상황이란 하나님과의 관계에 부정적인 영향을 미치는 경우다. 우리는 특별히 이 문제를 신중히 생각해야 한다. 만일 부모가 하나님을 믿지 말라며 그분에 대한 순종을 방해한다면, 부모의 말을 따르지 않아도 된다. 또 부모가 의도적으로 죄를 짓도록 유혹하거나 강제로 옳지 못한 일을 하게 할 때도 순종할 필요가 없다. 하지만 그 밖의 경우에는 부모에게 순종하는 것이 옳다.

물론, 마지막 한계에 도달할 때까지는 참고 견뎌야 한다. 심지어는 하나님과의 관계가 위태롭다고 생각되는 상황이더라도 일단은 최대한 양보하고 화해를 모색해야 한다.

나는 그동안 목회 활동을 해 오면서 그러한 상황에서 어려움을 겪는 사람을 많이 만날 수 있었다. 대체로 그런 사람들은 별로 중요하지 않은 사소한 문제에 발목이 잡히곤 한다. 사실, 어쩌다 보면 상황이 그렇게 되어 버리기 일쑤다. 사람은 누구나 극단적으로 행동하기를 좋아하는 본성을 지니고 있다. 그 때문에 기독교인으로서 어떻게 처신해야 하는지 잘 알면서도 마귀에게 미혹되어 전혀 기독교인답지 않은, 하찮고 어리석은 행동을 취할 때가 많다.

구체적인 사례를 들어 보자. 이는 결혼식을 준비할 때나 결혼을 결정하는 상황에서 흔히 발생하는 문제다. 기독교를 믿는 젊은 남녀가 서로 결혼하기로 결정했다. 그런데 양가 부모가 다 기독교를 믿지 않는다. 결혼 당사자들은 자신들의 결혼이 기독교인다운 면모를 지녀야 한다고 생각해서 기독교인 친구들을 결혼식에 초대한다. 물론, 그들의 부모도 결혼식에 참석

> 기독교인다운 삶을 살아가려면 사소한 문제는 될 수 있는 대로 양보하고, 가능한 한 다른 사람들의 편의를 고려해야 한다.

한다. 또 기독교인이 아닌 친구들과 일가친척까지 모두 초대한다. 나는 이런 과정에서 혼약을 맺는 두 청년이 별로 중요하지 않은 문제를 까다롭게 고집함으로써 유익보다 해가 더 많아지는 경우를 종종 목격했다. 다시 말해, 그들은 모든 것을 기독교 식으로 해야 한다고 고집하다가 급기야는 기독교를 믿지 않는 부모의 노여움을 자극하는 경우를 자주 보았다.

그 결과, 그들은 성경이 가르치는 균형 있는 태도와 지혜로운 판단력을 잃어버린다. 물론, 결혼식은 기독교 식으로 거행되어야 한다. 하지만 내가 보기에는 관심을 기울이지 않아도 될 부차적인 문제들이 많다. 기독교인다운 삶을 살아가려면 사소한 문제는 될 수 있는 대로 양보하고, 가능한 한 다른 사람들의 편의를 고려해야 한다. 특히, 기독교인의 결혼식을 지켜보는 사람들이 믿음에 관심을 갖길 바란다면 더욱더 그래야 한다. 고집스럽게 한 치의 양보도 없이 자신들의 뜻과 주장만을 관철시키려고 한다면, 다시 말해 믿지 않는 부모를 배려하지 않고 기독교인 친구들에게 좋은 인상을 심어 주는 데만 급급한다면, 부모에게 순종하라는 사도의 명령에 충실하기 어렵다. 따라서 진정으로 중요한 것은 끝까지 사수해야겠지만, 부차적이고 사소한 문제는 언제라도 양보할 수 있어야 한다.

더욱이 자신의 생각을 밀고 나갈 때는 항상 올바른 동기가 필요하다. 특히 기독교의 원리를 주장할 때는 성급한 태도나 상대방을 멸시하는 태도를 취해서는 안 된다. 교만한 태도나 비판적인 태도 역시 금물이다. 우리는 기독교인답지 않은 말을 내뱉을 때가 많다. 대체로 그런 식의 잘못을 저지르는 사람들은 나와 결혼식 문제를 논의할 때조차 그릇된 태도를 보이곤 한다. 그들은 능글맞은 웃음을 띤 채로 "물론 우리 부모는 기독교인이 아니죠"라며 빈정거린다. 나는 그렇게 말하는 모습을 보는 순간, 그가 이미 잘못된 길에 접어들었다고 생각한다. 그런 사람이 기독교 신앙을 내세운들 아무 유익이 없을 뿐 아니라, 좋은 영향보다는 나쁜 영향을 미치기가 훨씬 쉽다. 부모가 기독교인이 아니더라도 절대로 냉소적인 태도를 취해서는 안 된다. 부모를 무시하거나 경멸하는 태도는 금물이다.

안타까운 마음으로 부모를 염려해야 하건만, 오히려 부모를 무시하면서 냉소적인 태도를 취하는 경우가 너무나 많다.

부모가 기독교를 믿든지 믿지 않든지, 부모를 공경하는 것이 자녀의 도리다. 그것이 바로 하나님의 명령이다.

그런 자녀들은 부모에게 순종하지도 않고, 부모를 존중하지도 않는다. 그러나 부모가 기독교를 믿든지 믿지 않든지, 부모를 공경하는 것이 자녀의 도리다. 그것이 바로 하나님의 명령이다.

:: 공손하고 겸손한 태도

물론, 이를 실천하기에 어려울 때가 많다. 하지만 하나님의 명령이므로 반드시 이행해야 한다. 단 한 가지 상황, 즉 부모가 하나님을 예배하고 섬기는 일을 의도적으로 만류하거나 고의적으로 죄를 짓게 하는 경우만이 예외다. 하지만 그런 상황에서조차 우리는 깍듯이 예의를 갖춰 부모를 대해야 한다. 즉, 부모의 말을 거부할 수밖에 없는 상황에서는 마음이 아프고 견디기 어렵지만 어쩔 수 없이 부모의 말을 거역해야 한다는 인상을 심어 주어야 한다. 자녀가 부모를 거역하는 일은 세상에서 가장 힘들고 가슴 아픈 일 가운데 하나다. 그러므로 그리스도와 하나님의 이름으로 어쩔 수 없이 그렇게 해야 할 때에는 항상 상한 마음을 지녀야 한다. 부모의 말을 거역하자니 마치 팔 하나를 잃는 것처럼 너무나 힘들고 아프고 슬프지만, 그렇게 할 도리밖에 없다는 입장을 표명해야 한다.

그런 태도를 취하면 하나님의 사자가 되어 부모에게 좋은 영향을 미칠 수 있다. 반면 거만한 태도로 부모를 경멸하면 악영향을 끼칠 뿐이다. 그런 태도는 한마디로 무가치하며, 사람들을 그리스도에게서 멀어지게 만들 뿐이다. 그런 태도를 대하는 부모는 "이 애들이 기독교인이 되더니 모든 것을 다 아는 듯이 행동할뿐더러 급기야는 고집스럽고, 냉혹하고, 완고하고, 율법적인 사람이 되고 말았구나"라고 탄식할 수밖에 없다. 그렇게 되면 부모가 하나님과 주 예수 그리스도를 알게 될 가능성이 사라진다. 거듭 말하지만 불가피하게 우리의 입장을 주장해야 할 때는 항상 상한 마음, 즉 공손하고 겸손한 태도를 유지해야 한다. 그래야만 하나님의 뜻에 순종하기 위해 마음이 아파도 어쩔 수 없이 부모의 말을 거역할 수밖에 없다는 인상을 심어 줄 수 있다.

한편 부모의 말을 거역해야만 하는 상황에 부딪쳤을 때, 마음에 힘을 얻고 올바른 판단을 유지하기 위해서는 그런 태도를 취해야 할 이유를 정확히 알고 있어야 한다. 그러면, 기독교인인 우리가 그런 태도를 취해야 할 이유는 과연 무엇일까? 한마디로 기독교인인 우리가 세상에서 가장 모범적인 자녀가 되어야 하기 때문이다. 이는 가장 보편적이면서도 일반적인 원리다. 기독교인은 무엇을 하든지 항상 최선을 다해야 한다. 우리는 이 말을 일반적인 행동 원리로 삼아야 한다. 기독교를 믿는 자녀는 믿지 않는 자녀보다 나아야 하고, 기독교를 믿는 남편이나 아내나 가정 역시 믿지 않는 남편이나 아내나 가정보다 더 나아야 한다. 또, 기독교를 믿는 사업가나 전문직에 종사하는 사람도 믿지 않는 사람들보다 더 나아야 한다. 기독교인은 무엇을 하든지 남들보다 나은 이해력과 근성을 지닌 채 최선을 다해야 한다.

우리가 지금 함께 생각하는 주제의 세부 내용은 모두 이와 같은 원리에 근거한다. 기독교인은 성령 충만해야 한다. 바울 사도는 "술 취하지 말라 이는 방탕한 것이니 오직 성령으로 충만함을 받으라"고 말했다. 기독교를 믿는 자녀라면 성령 충만해야 한다. 이는 곧 다른 자녀들보다 훨씬 더 모범적인 자녀가 되어야 한다는 뜻이다.

요컨대 우리의 결론은 기독교를 믿는 자녀가 세상에서 가장 훌륭한 자녀가 되어야 한다는 것이다. 왜냐하면 그런 자녀들만이 자녀와 부모의 관계를 올바로 이해할 수 있기 때문이다. 오늘날, 부모와 자녀가 서로의 관계를 올바로 이해하지 못하기에 무수한 가정들이 붕괴되고 있다. 그런 부모와 자녀들은 성경이 말하는 부모와 자녀의 관계에 대해 무지하다. 그들은 기독교인들과는 달리 상황을 "주 안에서" 바라보지 못한다. 그러나 우리는 "주 안에" 있기 때문에 부모와 자녀의 관계를 새로운 관점에서 파악할 수 있다. 우리는 부모와 자녀의 관계가 하나님 아버지와 선택 받은 자녀인 신자 사이의 관계를 반영한다는 점을 알고 있다. 그런 점에서 우리는 부모와 자녀의 관계를 가장 올바르게 이해할 수 있는 셈이다. 기독교를 믿는 자녀들이 믿지 않는 자녀들보다 월등히 뛰어나야 하는 이유는 오직 기독교인만이 문제를 올바로 이해할 수 있기 때문이다. 우리 기독교인은 기계적으로 행동하지 않는다. 기독교인은 무엇을 하든지 그 이유를 알고 행동한다. 더욱이 기독교인은 성경의 가르침 덕분에 상황에 대한 이해가 뛰어날 뿐 아니라 행동의 이유를 정확히 파악할 수도 있다.

올바른 정신을 유지할 수 있는 사람은 오직 기독교인뿐이다. 기독교인만이 "성령의 충만을 받기" 때문이다. 현대인들은 "내가 왜 부모의 말을 들어야 하지? 그들이 뭔데? 시대에 뒤떨어진 사람들일 뿐이잖아. 그들이 뭘 알겠어?"라고 생각한다. 하지만 오늘날, 바로 그런 태도가 많은 문제를 야기한다. 부모들도 그릇된 태도를 지니고 있기는 마찬가지다. 그들은 종종 "자식들은 귀찮은 존재야. 이전처럼 저녁마다 밖에 나가 즐기고 싶어. 자식들이 생긴 뒤로는 도무지 자유롭지가 않아"라고 말한다. 그러나 이런 식의 정신 태도는 잘못된 것이다. 많은 가정이 붕괴되는 원인이 바로 여기에 있다. 이런 문제들은 모두 영적인 문제에 속한다. 정치인들이 의회를 통해 법안을 만들어 내면서도 정작 자신들이 다루고 있는 문제의 본질조차 이해하지 못하는 이유 역시 여기에 있다. 우리는 이러한 문제를 법으로 해결할 수 없다. 왜냐하면 이 모든 것들이 영적인 문제이기 때문이다.

기독교를 믿는 자녀는 특별히 이 문제와 관련해 올바른 태도를 지녀야 한다. 우리는 이기적인 태도를 버려야 한다. 나는 앞에서도 이에 대해 언급한 적이 있다. 실상 이는 매우 미묘한 문제다. 젊은 기독교인들이 결혼을 앞두고 있는 상황에서 부모가 기독교를 믿지 않을 때는 과연 어떻게 해야 할까? 기독교를 믿는 젊은이들은 자칫 "내가 원하는 대로 이것저것을 주장할 거야. 나는 새로운 깨달음을 얻은 기독교인이야. 그러니 모든 것을 내 뜻대로 해야 해"라고 생각할 위험이 높다. 하지만 예상

> 자신이 옳다고 생각하는 대로 하고 싶어도 먼저 다른 사람을 존중하는 것이 마땅하지 않겠는가?

하듯이 그런 생각 자체가 이미 잘못이다. 자신이 옳다고 생각하는 대로 하고 싶어도 먼저 다른 사람을 존중하는 것이 마땅하지 않겠는가?

바울은 "내가 말한 양심은 너희의 것이 아니요 남의 것이니", "모든 것이 가하나 모든 것이 유익한 것이 아니요"라고 말했다. 믿음이 약한 형제는 어찌 하고, 또 기독교를 믿지 않는 사람은 어떻게 할 것인가? 모든 것이 자신이 옳다고 생각하는 방향으로 되어야 하고, 율법의 세부 조항을 일일이 다 지켜야 한다고 주장할 셈인가? 그런 태도야말로 "박하와 회향과 근채의 십일조는 드리되 율법의 더 중한바 정의와 긍휼과 믿음은 버렸던" 바리새주의의 본질이다. 하나님이 이 문제에 대해 우리에게 지혜를 허락해 주시기를 바란다. 나는 이 문제를 소홀히 함으로써 하나님의 사역에 악영향을 끼치는 사람들을 많이 목격해 왔다. 고로 스스로를 의롭게 여기는 이기적인 마음을 가져서는 안 된다.

:: **믿는 자녀의 차별성**

이제는 좀더 깊이 생각해 보자. 기독교인은 이 문제와 관련해 한결 유리한 위치를 점하고 있다. 우리에게는 부모의 어려움을 헤아릴 줄 아는 마음이 있기 때문이다. 믿지 않는 자녀들이 믿지 않는 부모와 서로 뜻이 엇갈려 갈등을 겪는 상황을 떠올려 보자. 그런 경우에는 서로의 기질과 고집이 충돌을 일으키기 때문에 양쪽 모두 서로를 이해하지 못한다. 자녀는 "아버지와 어머니는 이런 말을 할 권리가 없어요"라고 말하고, 부모는 "너는 도무지 어쩔 수가 없구나. 네 생각은 아주 잘못 됐어"라고 말한다. 이 경우엔 양쪽이 모두 서로의 생각을 이해하려 들지 않고 고집만 앞세울 뿐이다. 하지만 기독교인의 경우에는 다르다. 기독교인은 부모가 자신을 이해해 주지 않고 그 뜻을 고집하는 이유를 잘 알고 있다. 기독교인은 부모를 까다롭다고 생각하지 않으며, 부모의 기질을 탓하지도 않는다. 대신, 기독교를 믿는 자녀는 이렇게 말한다. "부모님은 고집이 너무 강해서. 참으로 슬프고 안타까운 일이야. 하지만 부모님을 원망하고 싶지 않아. 부모님은 단지 기독교인의 입장을 이해하지 못하실 뿐이야. 부모님은 기독교를 믿지 않으시니까. 나는 부모님에게 기독교인의 입장을 강요할 수 없어. 기독교를 믿지 않는 부모님에게 불가능한 것을 요구하는 것은 잘못이야. 나도 한때는 그런 생각을 가졌었지. 눈 먼 소경처럼 아무것도 보지 못했어. 하나님의 은혜로 내 눈이 열린 이제야 비로소 올바로 볼 수 있게 되었어. 하지만 부모님은 아직 그렇지 못해. 나는 그런 부모님을 이해해야 해. 인내심을 가지고 부모님을 이해하도록 노력할 거야. 가능한 것은 모두 양보하고, 부모님의 마음을 달래 드리며, 또 필요한 도움을 주기 위해 최선을 다하겠어."

이것이 바로 기독교인의 유리한 점이다. 우리는 "자녀들아 주 안에서 너희 부모에게 순종하라"는 명령을 이해한다. 서로의 기질을 앞세워 섣불리 대립해서는 안 된다. 문제가 발생하는 이유는 죄로 인해 눈이 멀었기 때문이다. 부모를 원수처럼 생각해서는 곤란하다. 분열과 갈등의 원인이 죄에 있다고 생각하라. "화평이 아니라 검을 주러 왔다"는 주님의 말씀에는 바로 이와 같은 의미가 담겨 있다. 따라서 그런 상황에 처했을 때 놀랄 필요도 없고, 거칠게 반응해서도 안 된다. 오히려 이해심과 동정심으로 대해야 한다.

이제 부모에게 순종해야 할 마지막 이유에 대해 살펴보자. 기독교인이나 기독교를 믿는 자녀는 어떤 일을 둘러싸고 충돌과 갈등이 빚어지거나 부모의 말을 거부할 수밖에 없는 상황에 직면했을 때, 항상 부모의 영혼을 깊이 염려하는 마음가짐을 유지하기 위해 노력해야 한다. 성경은 "네 아버지와 어머니를 공경하라"고 명령한다. 본인은 기독교인이 되었으나 부모는 아직 믿음을 갖지 않았다고 해서 그들을 경멸하거나 무시해서는 안 된다. 부모를 공경하고 그들의 영혼을 염려하며 최선을 다하는 것이 자녀의 도리다. 우리와 가장 친밀한 관계를 맺고 있는 사람들의 영혼을 진심으로 염려하고 걱정하는 태도를 지니지 않는다면, 우리는 진정으로 부모에게 순종할 수도 없고 성경의 명령대로 "부모를 공경할 수도 없다."

어떤 기독교인들은 의도는 좋으나 무지한 탓에 기계적이고 형식적이며 겉만 번지르르한 행동을 부추기는 경우가 있다. 그러나 앞서 말한 정신과 태도만 잘 유지한다면, 그런 그릇된 조언에 귀를 기울이는 잘못을 피할 수 있다. 우리 주변에는 그릇된 조언을 일삼는 사람들이 많다. 그들은 "이제 회개했으니 본인의 뜻대로 하세요"라면서 부모와의 충돌을 부추긴다. 하지만 이런 말에 귀를 기울여서는 안 된다. 근본 법칙과 기본 규범은 영원히 변하지 않기 때문이다. 타당성을 인정받을 수 있는 갈등 관계는 오직 그리스도가 원하실 때만 가능하다. 우리는 갈등 관계를 맺어서는 안 된다. 오히려 그런 상황을 피하기 위해 최선을 다해야 한다. 끝까지 인내하며 불화를 피해야 한다.

갈등 관계는 오직 하나님의 아들이신 우리 주 예수 그리스도가 불가피한 상황에서 성령의 검을 휘둘러 평화를 깨뜨리시는 경우에만 그 타당성을 인정받을 수 있다. 고로 우리가 까다롭게 굴어서는 안 되며, 사소한 문제로 고집을 피울 필요도 없다. 우리는 갈등을 조장하는 일을 해서도 안 된다. 불가피한 갈등, 즉 타당성을 인정받을 수 있는 갈등은 주님이 허락하시는 검에 의해서만 가능하다(마 10:34-38 참조).

:: 부모를 위한 명령

이제 부모를 위한 명령을 생각해 보자. 사도 바울은 "아비들아 너희 자녀를 노엽게 하지 말라"고 말했다. 그가 아버지들만 언급한 사실에 주목하라. 바울은 바로 전에 "네 아버지와 어머니를 공경하라"는 율법을 인용했다. 하지만 이번에는 아버지만을 언급했다. 그 이유는 바울의 가르침이 아버지가 가정의 권위자라는 사실을 전제하기 때문이다. 구약성경은 항상 그와 같은 전제에 근거한다. 하나님은 백성들에게 행위 규범을 가르치실 때 늘 그런 식으로 말씀하셨다. 그것이 바로 바울이 아버지들만을 상대로 이 특별한 계명을 가르친 이유다. 하지만 이 계명은 아버지들에게만 국한되지 않는다. 이 계명은 어머니들에게도 똑같이 해당한다. 특히 오늘날과 같은 시대에는 아버지와 어머니의 서열을 뒤바꿔야 할 필요가 있다. 오늘날, 우리는 아버지가 가장과 남편으로서의 위치를 포기하고 그 대신 어머니가 거의 모든 일을 처리하는 일종의 모계 사회에 살고 있다. 따라서 아버지들에게 말한 내용은 어머니들에게도 똑같이 적용된다. 요컨대 바울이 말한 계명은 훈육을 시행해야 할 입장에 서 있는 사람을 위한 것이다.

∷ 서로 상반된 성경말씀

우리는 훈육이라는 주제를 주의 깊게 살펴봐야 한다. 이는 매우 광범위한 주제다. 앞서 말한 대로, 훈육의 문제는 이 나라는 물론 세계 모든 나라가 가장 시급히 다뤄야 할 문제다. 오늘날, 우리는 도처에서 사회가 와해되는 현상을 목격하고 있다. 그런데 이런 현상은 주로 훈육의 문제와 관련이 있다. 더욱이 이 문제는 가정과 학교, 일터를 비롯해 인간이 존재하는 모든 곳에 도사리고 있다. 요컨대 훈육의 문제는 책임, 관계, 인생을 살아가는 방식, 인생의 방향 등의 모든 것에 관여한다. 앞으로 이 문제가 문명 사회의 미래를 결정짓는 요인이 될지도 모른다. 물론 정치적, 사회적 문제를 다루는 것이 설교의 주된 목적은 아니다. 하지만 우리는 말씀을 통해 그와 같은 문제에 대한 중요한 해결의 실마리를 발견할 수 있다.

일반적으로 사람들은 오늘날 세계의 가장 큰 분열이 "철의 장막"에 의한 분열이라고 말한다. 하지만 나는 그와는 조금 각도를 달리해서, "만일 서구 사회가 실패하고 붕괴된다면, 내부적인 부패가 그 원인이 될 것이다"라고 말하고 싶다. 공산 사회의 경우에는 독재가 이루어지기 때문에 사회적 기강이나 질서의 유지가 그다지 크게 문제 되지 않는다. 모든 사람이 권력 앞에 복종하기 때문이다. 하지만 우리는 독재 정치를 용납하지 않는 사회에서 살고 있다. 따라서 우리에게는 자연히 사회적 기강과 질서가 가장 중요한 화두로 떠오른다. 만약 우리가 아무런 책임의식 없이 재물과 쾌락은 더 많이 원하고 일은 덜 하면서 날마다 흥청망청 육신의 정욕을 채우는데 급급한 삶을 산다면, 사회의 기반이 온통 무너져 내리는 비참한 상황이 초래되고 말 것이다.

고대 로마제국이 고트족과 반달족 같은 야만족에게 정복당한 이유가 무엇인가? 야만족이 군사적으로 더 막강한 힘을 지녔기 때문인가? 아니다. 역사가들에 의하면 로마제국의 멸망은 온갖 오락과 쾌락과 목욕 문화를 향유했던 방종의 정신이 만연했던 데 그 원인이 있었다. 즉 도덕적인 부패가 로마제국의 심층부에까지 깊이 침투했던 것이다. 외부의 막강한 힘이 아닌 내부의 부패가 로마제국의 멸망을 초래했다는 사실은 오늘날, 이 나라를 비롯해 서구 사회 도처에 비슷한 부패 현상이 목격되고 있는 현실에 큰 경종을 울린다. 쇠퇴의 시대에는 나태, 방종, 부패한 정신이 온 사회를 지배한다. 오늘날의 대중은 쾌락을 추구하고, 스포츠에 열광하며, 술과 마약에 찌든 삶을 살아가고 있다. 사회적 기강과 질서의 와해 및 진정한 통치 개념의 부재가 바로 이 시대가 안고 있는 문제의 본질이다.

앞선 바울 사도의 말은 바로 이러한 문제들에 관해 분명하게 지적한다. 나는 앞으로 바울의 말에 담긴 의미를 탐구하면서 이 문제와 연관된 성경의 가르침을 좀더 자세히 살펴볼 생각이다. 하지만 일단은 우리의 사고를 자극하는 데 도움이 될 내용을 먼저 간단히 언급하고 싶다. 오늘날, 우리의 문제 가운데 하나는 자율적인 사고를 기피하는 성향이다. 우리는 가만히 앉아서 신문을 읽거나 라디오와 텔레비전에 출연한 사람들의 말을 듣는 데에 만족한다. 그러나 이는 자기 훈련의 정신이 사라졌다는 사실을 입증할 뿐이다. 우리는 사고를 훈련하는 방법을 배워야 한다. 나는 우리의 사고 훈련을 돕기 위해 서로 상반된 의미를 지닌 듯이 보이는 성경말씀 두 구절을 인용하고자 한다. 기독교에서 훈육의 문제는 이 두 말씀을 중심으로 한다. 그 중 하나는 "매를 아끼는 자는 그의 자식을 미워함이라"(잠 13:24)는 말씀이고, 다른 하나는 "아비들아 너희 자녀를 노엽게 하지 말라"는 말씀이다. 훈육의 문제는 바로 이 두 극단을 어떻게 조화시키느냐에 달려 있다. 이 두 구절은 모두 성경에 기록된 하나님의 말씀이다.

이 시간, 우리들만이라도 성경의 가르침을 중심으로 현대 사회가 직면한 가장 시급하고 중대한 문제에 대해 진지하게 생각해 보자. 우리의 문제는 양자의 균형을 유지하지 않고 극단에 치우치는 데서 파생한다. 그러나 성경은 극단을 용납하지 않는다. 성경의 가르침은 언제 어디서나 완벽한 균형과 형평성에 근거한다. 성경은 은혜와 율법을 조화시킨다. 그렇다면 이제부터 이 문제에 대해 자세히 살펴보기로 하자.

"**자녀들아** 주 안에서 너희 부모에게 순종하라 이것이 옳으니라
네 아버지와 어머니를 공경하라 이것은 약속이 있는 첫 계명이니
이로써 네가 잘되고 땅에서 장수하리라

또 아비들아 너희 자녀를 노엽게 하지 말고
오직 주의 교훈과 훈계로 양육하라"

_ 엡 6:1-4

Part 2

부모가 자녀들에게

3. 아이를 때려야 하나요, 말로 해야 하나요?
4. 사랑하기 때문에 때린다는 걸 아이가 알까요?
5. 아이를 위해 구체적으로 할 수 있는 게 뭘까요?

3.
아이를 때려야 하나요, 말로 해야 하나요?

우리는 지금 인간의 삶과 행위에 관한 가장 기본적이고도 근본적인 문제들을 다루고 있다. 이는 비단 기독교인들만이 아니라 사회 전체가 관심을 기울여야 할 문제다. 기독교인인 우리가 이 문제에 특별히 관심을 갖는 이유는 성경의 말씀대로 우리가 "세상의 빛이자 소금이요", "산 위의 동네"와 같은 존재이기 때문이다. 기독교의 가르침을 도외시하고는 세상을 밝혀 줄 빛을 발견하기 어렵다. 따라서 우리 기독교인은 사도의 가르침을 이해하고 행하는 데 각별히 관심을 기울여야 한다. 우리는 세상의 본이 되어 올바른 삶의 방법을 제시해야 한다. 특히 오늘날의 상황은 이 시대의 골칫거리 가운데 하나인 훈육의 문제에 관한 성경의 가르침을 제시할 만한 절호의 기회를 제공한다.

물론, 기독교인의 삶의 태도와 관련된 부분은 비단 훈육의 문제에만 국한되지 않는다. 범죄와 전쟁과 징벌에 관한 현대 사회의 태도에서도 똑같은 문제가 발견된다. 다시 말해, 이 문제는 현대 사회 전체와 관련되어 있다. 하지만 여기에서는 이 문제를 특별히 자녀의 훈육과 가정의 질서에만 국한시키고자 한다. 우리는 앞에서 훈육의 문제에 관해 우리의 사고를 올바로 이끌어 줄 성경말씀 두 구절을 인용한 바 있다. 하나는 우리가 익히 알고 있는 대로 "매를 아끼면 아이를 망친다"는 말씀이다. 이 말씀은 잠언을 비롯해 이른바 "지혜 문서"로 알려진 구약성경에 여러 가지 형태로 발견된다. 또 하나는 "아비들아 너희 자녀를 노엽게 하지 말라"는 말씀이다. 이것이 곧 훈육과 관련한 두 가지 근본 입장이다. 이 두 말씀을 중심점으로 하는 타원 속에서 우리는 훈육에 관한 성경의 지혜를 엿볼 수 있다.

:: 훈육의 상반된 태도

우선 첫 번째 입장부터 생각해 보자. 금세기에 들어, 특히 지난 30여 년 동안 훈육의 문제에 큰 변화가 일어났다. 그러한 변화는 줄곧 지속되어 왔다. 실로 오늘날, 훈육에 관한 사람들의 태도는 과거와는 판이해졌다.

과거에만 해도 사람들은 자녀 훈육에 대해 매우 엄격한 입장을 취했다. 그러나 요즘 사람들은 그런 태도를 이전 시대의 구습이라고 비꼰다. 솔직히, 과거의 훈육 방식은 지나친 감이 없지 않았다. 강압적이고 잔인했을 뿐 아니라 때로는 비인간적이기까지 했던 탓이다. 널리 알려진 대로, 과거 우리의 아버지나 할아버지 세대가 대표적인 경우였다. 아버지의 역할과 가정의 훈육을 바라보는 그들의 관점에는 독재적인 요소가 강했다. 그들은 자녀들을 혹독하고 엄격하게 다루었다. "아이들은 항상 입을 꽉 다물고 무조건 명령에 순종해야 한다"는 생각이 당시 사회를 지배했다. 아이들은 자신의 생각을 말할 수 없었고, 심지어는 질문조차 던질 수 없었다. 그들은 오직 어른들의 지시와 명령에 무조건 따라야 했다. 명령을 거부하는 경우에는 혹독한 징벌이 내려졌다. 이런 내용은 더 이상 언급할 필요가 없다. 이미 많은 비판과 풍자를 통해 모두가 익히 알고 있는 사실이기 때문이다. 물론, 젊은 사람들 가운데는 그런 광경을 직접 목격한 사람들이 거의 없을 것이다. 하지만 그렇더라도 우리 모두는 당시의 상황을 쉽게 짐작할 수 있다.

그런데 지금은 훈육 방법이 크게 달라졌다. 오늘날의 훈육 방법은 그때와는 완전히 딴판이다. 심지어 요즘 몇몇 사람들은 아예 훈육을 포기해 버린 듯하다. 앞에서 잠시 언급한 대로, 전쟁과 범죄 및 체벌과 사형 같은 문제에 대해서도 똑같은 변화가 일어났다.

오늘날에는 이전 시대를 지배했던 사고방식을 완전히 부정하는 새로운 사회적 분위기가 형성되었다. 정의, 의, 진노, 징벌과 같은 개념에 대해 심한 거부감이 팽배한 상태일 뿐 아니라 그런 용어들 자체가 비판과 혐오의 대상으로 전락했다. 한마디로, 현대인은 그런 용어들을 몹시 싫어한다. 우리는 신문이나 의회의 법안은 물론, 서서히 시작되는 각종 변화의 물결 속에서 그러한 사례를 쉽게 찾아볼 수 있다. 정의, 진리, 의, 권한 등과 같은 용어는 점차 자취를 감추어 가고 평화, 행복, 즐거움, 안락함, 관용과 같은 용어가 더욱 빈번히 등장하고 있다. 현대인들은 과거의 영웅시대를 묘사했던 용어들에 대해 반감을 느낀다. 이런 태도는 주로 이전 시대에 대한 반발심에서 비롯되었다고 할 수 있다.

> 정의, 진리, 의, 권한 등과 같은 용어는 점차 자취를 감추어 가고 평화, 행복, 즐거움, 안락함, 관용과 같은 용어는 더욱 빈번히 등장하고 있다.

문제의 심각성은 그와 같은 태도가 기독교의 관점, 특히 신약성경의 가르침에 근거를 둔 것처럼 전파된다는 데 있다. 특히 사람들은 신약성경의 가르침이 구약성경의 가르침과 대조적이라고 생각하는 경향이 있다. 예를 들어, 요즘 사람들은 "과거 세대의 문제는 청교도의 경우처럼 구약성경의 하나님을 숭배하며 그 가르침을 앞세운 데 있다. 하지만 우리는 더 이상 그런 하나님을 믿지 않는다. 그들의 하나님은 부족 신에 불과할 뿐 기독교의 신, 즉 예수 그리스도의 아버지 하나님이 아니다"라는 식으로 말하곤 한다. 이들은 훈육에 관한 현대적인 개념이 신약성경에 근거하며, 스스로 신약성경이 가르치는 신을 믿고 있다고 주장한다. 그들은 의, 정의, 진노, 징벌 등에는 아무 관심이 없다. 그들에게 중요한 것은 오직 사랑과 관용뿐이다.

바로 이것이 문제를 심각하게 만든 원인이다. 더욱이 기독교인이 아닌 사람들이 그런 식의 논리를 전개하는 것은 매우 흥미롭기까지 하다. 요즘의 신문 기사와 논문을 읽어 보면, 기독교와는 전혀 무관한 일반 작가들이 마치 기독교의 대변자인 양 행세하는 현실을 발견할 수 있다. 이에 대해 사람들은 기독교가 본래의 의무를 태만히 하고 교회가 더 이상 본래의 입장에 충실하지 못하기 때문에, 교회 밖에 있는 이들이 나서서 기독교의 입장을 대변하는 것이라고 말한다. 사람들은 그런 작가들이 신약성경의 가르침을 올바로 해설해 준다고 생각한다. 바로 이 지점에서 기독교인이 아니라고 주장하는 사람들과 스스로를 기독교인으로 일컫는 사람들이 서로 손을 맞잡는 것이다. 그들은 한목소리로 훈육에 관한 현대인의 입장이 기독교와 신약성경의 가르침에 근거한다고 주장한다. 그들은 과거 시대의 견해, 특히 구약성경의 관점이 신약성경과 기독교의 가르침과는 전적으로 다르다고 말한다.

간단히 말해, 현대인의 견해는 인간의 본성이 근본적으로 선하다는 것을 전제로 한다. 이것이 현대 교육철학의 핵심이다. 오늘날의 교육은 어린아이의 품성을 계발하고, 독려하고, 자극하는 것에 초점을 맞춘다. 통제나 강요는 불필요하다. 징벌이나 교정의 노력도 있어서는 안 된다. 그런 방법은 억압적이기 때문이다. 실로 오늘날에는 이러한 견해가 삶의 전반에 걸쳐 그 영향력을 행사하고 있다.

교육 방법을 예로 들어 보자. 이는 오늘날 이 나라가 직면한 가장 긴급한 문제 가운데 하나다. 지난 20년 간의 교육 방법은 주로 새로운 견해, 즉 인간의 본성을 선하다고 간주하는 새로운 심리학을 토대로 삼았다. 새로운 심리학은 아이를 강요하거나 억압해서는 안 된다고 주장한다. 이러한 교육 방법을 지지하는 대표적인 경우가 마리아 몬테소리의 이론이다. 그녀의 교육 방법은 아이들이 배워야 할 것을 스스로 선택하고, 판단하고, 결정해야 한다는 개념에 근거한다. 그녀의 이론이 발표되기 전만 해도 아이들은 읽기, 쓰기, 셈하기를 필수적으로 배워야 했다. 원하든 원하지 않든, 모두가 기본 교육을 받아야 했던 것이다. 아이들은 구구단을 무조건 암기해야 했다. 흥미와는 상관없이 기계적인 교육이 이루어졌다. 아이들은 보지 않고서도 능숙하게 되풀이할 수 있을 때까지 알파벳, 구구단, 문법을 무조건 암기했다.

그러나 오늘날에는 이 방법이 잘못되었다고 말한다. 그런 교육 방법이 어린아이의 품성을 올바로 계발하지 못한다고 생각하기 때문이다. 교육은 학습자의 흥미를 유발시켜야 하고, 이해와 설득을 바탕으로 해야 한다. 기계적인 교육 방식으로는 안 되는 것이다. 학습자가 학습 내용을 이해할 수 있도록 반드시 설명이 뒤따라야 한다. 이처럼 현대인들은 인간의 본성에 대한 새로운 이해가 인생에 대한 기독교적인 관점에 근거한다면서 과거의 교육 방식을 헌신짝처럼 내팽개쳤다. 그 결과 교육의 이론과 방법에 새로운 혁신이 일어났다. 이제, 그런 변화가 몰고 온 결과물들이 서서히 우리 눈에 드러나기 시작했다. 사업가들은 종종 직장을 구하는 사람들의 많은 수가 간단한 셈이나 철자법조차 제대로 알지 못한다며 불평한다. 하지만 여전히 나의 관심은 실용적이고 경제적인 결과보다는 그 이면에 놓여 있는 정신적 원리에 있다.

:: 악한 본성 vs 선한 본성

징벌의 문제 역시 이미 구태의연한 과거의 유산이 되고 말았다. 요즘 사람들은 아이를 벌하지 말고 설득해야 하며, 말로 잘못을 일깨워 주고 좋은 본을 보여 주며 격려해야 한다고 말한다. 물론, 그들의 말에도 일리가 있다. 하지만 이런 관점에는 하나의 극단에서 또 다른 극단으로 치우칠 위험이 존재한다. 오늘날, 징벌에 대한 개념은 거의 사라졌다. 징벌을 거부하는 사람들은 어린아이를 절대로 벌해서는 안 된다고 말한다. 심지어 어떤 이들은 어린아이가 잘못을 저질렀을 경우에 부모가 대신 벌을 받음으로써 어린아이가 스스로 부끄럽게 여겨 잘못된 행실을

> 요즘 사람들은 인간의 본성이 본질적으로 선하다고 믿고, 그 안에 존재하는 가장 선하고 고귀한 품성에 호소해야 한다고 믿는다.

고치도록 이끌어야 한다고 주장하기까지 한다. 실제로 약 30년 전에 어떤 남자가 이러한 교육 방식을 자기 가정에서 적용했던 적이 있었다. 지금도 그때의 기억이 생생하다. 그에게는 여느 아이들처럼 이따금씩 부모의 말을 거역하기도 하고 잘못을 저지르기도 했던 어린 자녀가 하나 있었다. 그는 이 새로운 교육 이론을 받아들여, 자신의 자녀에게는 그 어떤 형태의 징벌도 가하지 않고 모든 징벌을 스스로 대신 짊어지는 방식을 택했다. 예를 들어 아이가 잘못을 저지르면, 아이를 혼내는 대신 그날 저녁에 자신이 끼니를 굶는 방법을 선택한 것이다. 하지만 그의 실험은 그리 오래 가지 못했다. 자신의 건강이 걱정된 그가 곧 이전의 방식으로 되돌아갔기 때문이다.

 이것은 현대적인 태도를 보여 주는 전형적인 사례다. 요즘 사람들은 인간의 본성이 본질적으로 선하다고 믿고, 그 안에 존재하는 가장 선하고 고귀한 품성에 호소해야 한다고 믿는다. 절대로 징벌을 가하거나 강제적인 수단을 동원하거나 훈육을

실시해서는 안 된다는 것이다. 오히려 이상적인 대안을 제시하고, 잘못을 저지른 경우에는 부모가 대신 징벌을 받음으로써 그것을 보고 깨닫게 만들어야 한다고 주장한다. 심지어 그런 식의 사고방식을 가진 사람들은 히틀러에게 그런 방법을 적용했다면 전쟁이 일어나지 않았을 것이라고 말한다. 게다가 친절하고 상냥한 태도로 그를 대하면서 모든 징벌을 대신 받을 준비가 되어 있는 모습을 보여 주었다면 그의 성품을 변화시킬 수 있었을 것이라고까지 믿는다. 실제로 제2차 세계대전이 일어나기 전, 런던에서 활동하던 한 유명 설교자와 그의 동역자들은 당시에 전쟁을 치르고 있던 중국과 일본 군대를 화해시키겠다고 나섰다. 그들은 자신들의 생각을 행동으로 옮기진 못했지만, 희생을 각오하고 중재 노력을 기울였다면 즉각 두 나라가 전쟁을 중단했으리라고 확신했다.

거듭 말하지만, 이 모든 사고방식은 인간의 본성이 본질적으로 선하다는 신념, 즉 인간의 선한 본성에 호소하는 것으로 족할 뿐 징벌의 수단은 필요하지 않다는 신념에서 비롯되었다. 설혹 징벌을 가하더라도 체벌이나 형벌은 피해야 하며, 불가피하게 징벌을 가해야 한다면 반드시 교화의 목적을 띠어야 한다는 것이 그들의 요점이다. 어떤 면에서는 정말이지 흥미로운 주장이다. 형벌이 아닌 교화의 목적을 띤 징벌만을 용인한다는 것. 한마디로, 모든 면에서 항상 긍정적인 태도로 새로운 성품과 기질을 계발하는 데 초점을 맞추어야 한다는 주장이다.

그러면 이런 주장이 과연 효과가 있을까? 죄수들을 한번 예로 들어 보자. 현대적인 사고에 따르면, 감옥의 목적은 범법자들을 징벌하는 것이 아니라 교화하는 데 있다. 사람들은 교도소의 형벌과 구속 장치를 완화시키라고 요구한다. '채찍형을 비롯해 모든 형태의 체벌 방식을 폐지하고 감옥에 정신과 의사를 배치해야 한다, 감옥은 심리학적, 정신과적 치료를 받는 장소가 되어야 한다, 인간은 본질적으로 선하기 때문에 비록 죄를 지은 범법자라고 해도 징벌을 가해서는 안 된다, 오히려 그의 선한 본성을 일깨워 품성을 향상시켜야 한다, 죄수의 생각이 악하고 잘못되었다는 사실과 그의 행동이 반사회적이라는 사실을 깨우쳐 주면 곧 스스로의 잘못을 깨닫고 행동을 고칠 것이다, 인간의 긍정적인 품성을 계발해야 한다, 정신과적인 치료를 통해 죄수를 교화하고 선한 성품과 기질을 회복시켜야 한다' 는 등등의 생각이 요즘 사람들의 신념인 것이다.

이것이야말로 오늘날 범죄의 처리 방식과 징벌에 관한 일반적인 신념이다. 사형 제도는 폐지되었고, 모든 형태의 체벌도

더불어 폐기되었다. 혹독한 형벌은 더 이상 용납되지 않는다. 정신과적인 치료 방법, 심리학적인 접근, 인격의 도야, 인간의 본성에 깃들여 있는 긍정적인 요소의 계발에 모든 것이 집중되는 것이다.

물론, 이러한 신념은 어린아이를 대하는 방법에도 지대한 영향을 미친다. 요즘에는 어린아이가 학교에서 올바른 행동을 하지 못하면, 그를 아동 정신과 의사에게 보낸다. 사람들은 모든 어린아이를 심리학적인 방법으로 다루어야 한다고 믿는다. 어린아이들은 모두 선하기 때문에 징벌을 가해서는 안 되고, 회초리와 매는 모두 폐기해야 한다. 교사가 어린아이를 더 이상 훈계할 수 없으면, 즉시 정신과 의사나 아동 심리학자에게 보내어 진단을 받게 한 뒤에 적절한 치료 방법을 처방해야 한다.

내가 말하고자 하는 요점은, 이 모든 주장이 신약성경이 마치 구약성경과 반대되는 것처럼 보이게 만들면서 기독교의 이름을 들먹이며 이루어진다는 사실이다. 사람들은 그리스도가 이런 문제들을 그런 식으로 다루셨다고 믿는다. 그렇다면 이는 전체 기독교의 입장이 걸려 있는 중대한 사안이 아닐 수 없다. 교회의 미래가 이 문제에 달려 있다고 해도 과언이 아니다. 불신자들이 옹호하고 지지하는 견해가 마치 기독교와 신약성경의 주장인 양 위장되고 있기 때문이다.

:: 성경이 말하는 바른 관점

이 문제를 좀더 자세히 살펴보기로 하자. 성경과 기독교는 여기에 대해 어떻게 가르치고 있는가? 성경과 기독교는 이 두 극단이 모두 잘못이라고 말한다. 즉 이전 시대의 입장도 잘못되었고, 현대적인 입장도 잘못되었다. 이전 시대의 입장은 잠시 뒤로 미루고, 우선은 이 시대를 지배하고 있는 현대적인 입장에 관해 먼저 생각해 보기로 하자. 간단히 말해, 이전 시대의 입장은 "아비들아 너희 자녀를 노엽게 하지 말라"는 말씀을 저버리는 잘못을 범했으며, 현대적인 입장은 그에 대한 반발심에서 또 다른 극단에 치우치는 잘못을 범했다. 그러면 먼저 현대적인 입장에 관해 생각해 보기로 하자.

1. 어린아이가 좋아하는 대로 놔둬야 한다

성경과 기독교의 관점에서 볼 때 훈육의 문제에 대한 현대적인 입장은 전적으로 잘못되었다. 그릇된 훈육 방법을 무조건 거부함으로써, 훈육에 아예 관심을 기울이지 않는 극단에 치우쳤기 때문이다. 이것이 바로 오늘의 현실이다. 사람들은 "이전 시대는 완전히 잘못되었어. 따라서 우리는 모든 훈육과 징벌을 다 폐지하고, 어린아이가 좋아하는 대로 행동하게 해야 해. 또 모든 사람이 다 원하는 대로 행동하게 놔둬야 해"라고 말한다. 하지만 이런 태도는 근본적으로 그릇되었다. 잘못된 훈육 방식을 거부한다면서 아예 훈육 자체를 포기할 수는 없는 노릇이다. 잘못된 방식은 올바른 방식으로 고쳐야 마땅하다. 이것이 곧 에베소서 6장의 교훈이다. 즉 "자녀들아 주 안에서 부모에게 순종하라"와 "아비들아 너희 자녀를 노엽게 하지 말라"는 말씀은 자녀를 훈육하되 잘못된 방법이 아닌 올바른 방법으로 훈육하라는 의미를 담고 있다. "자녀를 노엽게 하지 말고 오직 주의 교훈과 훈계로 양육해야 한다." 이것이 바로 참된 훈육이다. 오늘날의 불행은 잘못된 훈육의 반대가 훈육 자체의 포기라는 터무니없는 신념을 지지하는 데 있다. 하지만 일반적인 상식과 철학적 관점에서만 생각해 보아도 이는 명백한 잘못이다.

2. 은혜만 있으면 율법은 필요 없다

잠시 다른 각도에서 이 문제를 살펴보자. "오직 율법으로!"라거나 "오직 은혜로!"라는 주장은 둘 다 잘못이다. 왜냐하면 성경은 "율법"과 "은혜"를 동시에 강조하기 때문이다. 성경은 "율법이나 은혜 둘 중에 하나"가 아니라 "율법과 은혜"를 말한다. 구약의 율법에도 은혜가 있었다. 모든 번제와 희생 제사가 이를 암시한다. 그와 같은 제도를 명령하신 분은 바로 하나님이시다. 따라서 모세와 이스라엘 백성에게 주어진 하나님의 율법에 은혜가 없었다고 말해서는 안 된다. 율법은 궁극적으로 은혜에 근거한다. 율법은 그 안에 은혜를 포함한다.

아울러, 은혜는 무법을 뜻하지 않는다. 앞선 문장대로 주장하는 것은 율법폐기론에 해당한다. 그러나 신약성경은 율법폐기론자들을 단죄한다. 초기 기독교인들 가운데는 다음과 같이 말하는 자들이 있었다.

"우리는 더 이상 율법 아래 살지 않는다. 우리는 은혜 아래 산다. 우리의 행위는 중요하지 않다. 우리는 율법 아래 살지 않고 은혜 아래 살기 때문에 죄를 지어도 오히려 은혜가 넘친다. 우리 마음대로 해도 상관없다. 하나님은 사랑이시다. 우리는 용서받았고, 그리스도 안에 있으며, 거듭난 존재이기 때문에 원하는 대로 마음껏 할 수 있다." 그러나 로마서와 고린도서 및 데살로니가서는 물론 요한계시록 1-3장에 보면, 그런 생각이 잘못되었음을 알아차릴 수 있다. 은혜를 받았다고 해서 율법이 필요

> 기독교인은 진리를 더 잘 이해하고 있기 때문에 다른 사람들보다 더욱 모범적이어야 한다.

없다는 생각은 심각한 잘못이다. 그것은 일종의 방종이다. 그런 생각은 율법과 은혜에 관한 성경의 가르침에 정면으로 위배된다. 거듭 말했듯 율법 안에 은혜가 있고, 은혜 안에 율법이 있다. 우리는 "율법 없는 자가 아니라 도리어 그리스도의 율법 아래 있는 자들"(고전 9:21)이다.

물론, 훈육은 당연히 필요하다. 사실, 기독교인은 율법 아래 있는 사람보다 훨씬 더 절도 있는 삶을 살아야 한다. 왜냐하면 율법의 의미를 더 명확히 이해하고 있을 뿐 아니라 더 많은 능력을 지니고 있기 때문이다. 기독교인은 진리를 더 잘 이해하고 있기에 다른 사람들보다 더욱 모범적이어야 한다. 신약성경도 구약성경 못지 않게 훈육을 강조하고 있다. 오히려 그 점에서는 구약성경보다 한 차원 더 높다고 할 만하다. 사도 바울은 갈라디아서에서 "율법"을 "우리를 그리스도께로 인도하는 초등교사"(3:24)라고 일컬었다. 따라서 율법이 신약성경의 가르침과는 반대된다고 생각하면 곤란하다. 하나님이 율법을 주신 목적은 사람들을 그리스도에게 인도하여 큰 구원을 베풀어 주시기 위해서였다.

현대의 신념은 율법과 은혜를 심각하게 오해한다. 이러한 관점은 전적인 혼란이자 오류다. 성경의 가르침과는 전혀 거리가 먼 것이다. 그것은 단지 인간의 철학이자 심리학에 불과하다. 기독교의 용어를 사용하고 있지만, 그 본래의 의미를 빼내고 빈 껍데기로 만들어 버린 것이다.

3. 이제 더 이상 하나님의 계시는 없다

셋째, 현대의 가르침은 하나님에 관한 성경의 교리를 전적으로 잘못 이해했다. 이 또한 현대의 신념이 저지른 심각한 오류 가운데 하나다. 현대인은 성경이 아니라 자신의 머리와 마음으로 하나님의 모습을 그려 낸다. 현대인은 계시를 믿지 않는다. 지금으로부터 약 150년 전에 소위 성경에 대한 "고등 비평"이 시작된 이유가 여기에 있다.

현대인은 자신의 형상대로 신을 만들었다. 그들이 만든 신은 이전 시대의 아버지와 정확히 반대된다. 금세기의 뛰어난 저술가가 남긴 말을 한 구절 인용하면 다음과 같다. 그는 "구약성경의 하나님이 바로 과거의 아버지이며, 그것이 모두 잘못이라는 사실을 알지 못하느냐?"고 소리쳤다. 결국, 구약성경이 쓰레기통에 버려진 셈이다. 사람들은 "우리가 믿는 하나님은 주 예수 그리스도의 아버지 하나님이다"라고 말한다. 하지만 바로 그 주 예수 그리스도는 구약성경의 하나님을 믿으셨다. 그분은 "내가 율법이나 선지자나 폐하러 온 줄로 생각하지 말라 폐하러 온 것이 아니요 완전하게 하려 함이라"고 말씀하셨다. 예수님은 시내 산에서 모세에게 자신을 계시하시고 십계명을 주셨던 바로 그 하나님을 믿으셨다. 우리 주님은 구약성경의 가르침을 모두 인정하셨다.

현대인들에게는 새로운 신념을 그리스도의 신념이라고 주장할 만한 권리가 없다. 그리스도는 그런 가르침을 베풀지 않으셨다. 성경을 통해 자신을 계시하신 하나님은 거룩하신 하나님이시다. 신·구약 성경이 모두 "우리 하나님은 소멸하는 불이시니 경건함과 두려움으로 하나님 앞에 나아가자"(히 12:29, 신 4:24 참조)라고 말한다. 하나님은 의로우시고, 항상 옳으시다. 하나님은 사랑이시며, 거룩하고 정의로운 존재이시다. 하나님의 속성은 서로 모순되지 않는다. 하나님의 신성 안에는 모든 속성이 영원한 권능과 충만함 가운데 항상 동시에 존재한다.

이것이 바로 성경의 계시다. 하나님이 죄를 간과하시고 못 보시는 척 덮어 주시며, 항상 모든 죄인에게 용서를 베푸실 뿐 진노하거나 징벌을 가하지 않으신다는 생각은 구약성경은 물론 신약성경의 가르침을 동시에 거부하는 것이나 마찬가지다. 주 예수 그리스도는 "구더기도 죽지 않고 불도 꺼지지 않는" 장소를 언급하셨다. 예수님은 장차 양과 염소가 구분될 날이 오리라고 말씀하셨다. 그분은 또한 "내가 너희를 도무지 알지 못하니 내게서 떠나가라", "나를 떠나 마귀와 그 사자들을 위해 예비된 영원한 불에 들어가라"고 말씀하셨다. 상황이 이러한데도 신약성경과 주 예수 그리스도의 이름을 제멋대로 도용하는 현대인들의 행위는 참으로 끔찍하다.

그런 행위는 신·구약 성경에 계시된 하나님에 관한 교리를 부인하는 것과 같다. 하나님은 거룩하고, 의롭고, 공의로운 하나님이시다. 하나님은 죄와 불법을 벌하신다. 하나님은 이미 인류의 역사 속에서 많은 심판을 행하셨다. 하나님은 죄를 지은 이스라엘 백성을 징벌하셔서 그들을 포로로 잡혀 가게 하셨다. 또한 하나님은 앗수르인들과 갈대아인들을 징벌의 도구로 삼으시기도 했다.

사도 바울은 로마서에서 하나님이 때로는 죄를 심판하기도 하시며, 때로는 죄와 불법을 허용하기도 하셨다고 말했다(롬 1:18-32 참조). 지금도 하나님은 여전히 그와 같은 일들을 계속 행하고 계신다. 그러한 사실이 점차 명확히 드러나고 있는데도, 현대 심리학에 도취된 사람들은 이 점을 미처 깨닫지 못한다. 그것은 그들이 하나님에 관한 성경의 가르침에 무지할 뿐 아니라 알려고도 하지 않기 때문이다.

세상이 이토록 큰 어려움에 직면한 이유는 무엇인가? 왜 우리는 앞으로의 일을 걱정하며 두려워하는가? 왜 우리는 끔찍한 신무기와 핵전쟁의 가능성을 우려해야 할 처지가 되었는가? 이 모든 책임은 하나님의 거룩하고 의로운 율법에 순종하기를 거부하는 우리에게 있다. 우리는 하나님에 관한 성경의 가르침을 도외시함으로써 훈육과 통치와 질서에 관한 진리를 포기하고 말았다. 그로 인해 우리가 애써 부인하고 싶어 하는 징벌을 스스로 불러들인 격이 되고 말았다.

4. 말과 행동으로 모범을 보이면 사람은 바뀐다

넷째, 현대의 신념은 죄가 인간에게 미친 결과를 간과한다. 현대의 신념은 인간이 본질적으로 선하다는 전제 아래. 선한 성품을 계발하면 모든 것이 올바르게 변할 것이라고 믿는다. 또한 현대의 신념은 징벌을 가하는 대신에 스스로 고통을 짊어지고 설득과 권유의 방법을 사용하면 죄인이 감동을 받아 죄를 뉘우치고 올바른 행동을 추구하게 될 것이라 주장한다. 하지만 이런 사고방식은 죄에 대한 성경의 가르침을 도외시한 데서 비롯한다. 간단히 말해, 인간의 본성은 악하다. 인간은 타락의 결과로 본성이 악해졌다. 인간은 반역자이자 무법자이며, 그릇된 충동에 지배된다. 따라서 아무리 좋은 말로 설득하더라도 효과를 기대하기 어렵다.

현대 사회는 인간의 본성이 악하다는 사실을 구체적으로 경험하고 있다. 사람들은 현대적인 방법을 제법 오랫동안 시도해 왔다. 하지만 그 결과가 어떻게 나타났는가? 청소년 범죄, 가정의 무질서, 절도, 폭력, 살인, 강도, 현대 사회 전체의 혼란 등 문제는 갈수록 심각해지고만 있다. 새로운 이론을 30년 이상 실험했지만, 시간이 흐를수록 문제가 더욱 증폭하고 있다. 이제는 상황이 개선되리라는 가능성을 기대하기도 어렵다. 인간은 근본적으로 선하지 않다. 성경은 홍수 심판이 있기 전, 당시 사람들에 대해 "마음으로 생각하는 모든 계획이 항상 악할 뿐이었다"(창 6:5)고 말했다. 인간은 약간의 격려로 충분히 선해지는 피조물이 아니다. 인간의 본성은 왜곡되어 있으며 사악해졌다. 반역자인 인간은 빛을 싫어하고 어둠을 사랑한다. 인간은 정욕과 열정의 화신이다.

> 인간의 본성은 악하다. 인간은 타락의 결과로 본성이 악해졌다.

현대의 신념이 왜곡된 이유는, 이 사실을 올바로 인식하지 못하기 때문이다.

5. 하나님은 더 이상 진노의 하나님이 아니다

다섯째, 현대의 신념은 구원과 속죄와 중생의 교리를 오해한다. 평화주의자 가운데 속죄 교리를 옳게 이해한 사람은 거의 없다. 훈육과 징벌에 관한 현대적 견해를 가진 사람들도 속죄 교리를 이해하지 못하기는 마찬가지다. 성경의 속죄 교리는 정의롭고 거룩하고 의로우신 하나님이 갈보리의 십자가에서 아들을 희생 제물로 삼아 죄를 징벌하셨다고 말한다. 그렇게 하신 목적은 "자기도 의로우시며 또한 예수 믿는 자를 의롭다 하시기 위해서다"(롬 3:25-26 참조). 성경은 "여호와께서는 우리 모두의 죄악을 그에게 담당시키셨도다"(사 53:6), "하나님이 죄를 알지도 못하신 이를 우리를 대신하여 죄로 삼으신 것은 우리로 하여금 그 안에서 하나님의 의가 되게 하려 하심이라"(고후 5:21), "그가 채찍에 맞음으로 너희는 나음을 얻었나니"(벧전 2:24), "여호와께서 그에게 상함을 받게 하시기를 원하사 질고를 당하게 하셨은즉"(사 53:10)이라고 말한다. 하나님의 정의와 의, 곧 죄에 대한 하나님의 진노가 징벌을 요구했다. 하지만 그것을 통해 하나님의 사랑이 명확히 드러났다. 하나님은 우리를 구원하시기 위해 자신의 진노를 무죄한 아들에게 모두 쏟아 부으셨다.

> 하나님의 정의와 의, 곧 죄에 대한 하나님의 진노가 징벌을 요구했다. 하지만 그것을 통해 하나님의 사랑이 명확히 드러났다.

하지만 현대인들은 속죄를 이해하지도 믿지도 않는다. 그들은 십자가를 그저 감상적으로만 생각할 뿐이다. 그들은 잔인한 군인들에 의해 십자가에 못 박히는 와중에도 미소를 잃지 않으시고 "나에게 이런 잘못을 저질렀지만 그래도 나는 너희를 용서한다"고 말씀하시는 예수님의 모습만을 상상할 뿐이다.

하지만 그런 예수님의 모습은 말 그대로 그들의 상상일 뿐이다. 성경은 그런 식으로 가르치지 않는다. 성경은 번제와 희생 제사 및 속죄의 피가 필요하다고 강조한다. 성경은 "피 흘림이 없은즉 사함이 없느니라"(히 9:22)고 말한다. 이것이 바로 신·구약성경의 가르침이다. 하지만 현대의 신념은 이 모든 진리를 부인한다. 성경은 도처에서 징벌을 가르친다. 가장 대표적인 사례는 다름 아닌 그리스도의 십자가다.

이번에는 중생의 교리를 생각해 보자. 인간이 본질적으로 선하다면, 중생 즉 "거듭남"이 필요 없을 것이다. 하지만 중생은 성경의 핵심 교리 가운데 하나다. 우리의 유일한 희망은 "신의 본성에 참여하는 데" 있다. 현대의 신념은 성경의 근본 교리를 부인하면서도 기독교 사상인 양 스스로를 위장한다. 성경은 "은혜" 아래 있기 전까지는 "율법"의 지배를 받아야 한다고 말한다. 바꾸어 말해, 인간의 악과 죄를 다스릴 수 있는 법 질서가 필요하다는 것이다. 그렇다면 세상의 관원들을 누가 임명하는가? 그분은 바로 하나님이시다.

로마서 13장을 읽어 보라. 그곳에서는 "그가 공연히 칼을 가지지 아니하였으니"라고 말한다. 누가 왕들과 통치자들을 임명하는가? 하나님이시다. 누가 국가를 세우는가? 역시 하나님이시다. 하나님이 그들을 세우신 이유는 죄와 악을 억제하기 위해서다. 하나님이 그런 제도를 세우지 않으셨다면 세상은 일찍이 종말을 고했을 것이다. 하나님이 법질서를 구축하신 이유는 인간의 악한 본성 때문이다. 다시 말해, "은혜 아래" 오기 전에는 인간의 악을 억제하는 제도가 필요했다.

모세 당시에 하나님은 율법을 주셨다. 율법을 주신 목적도 마찬가지였다. 율법이 효력을 발휘하려면 구속력이 있어야 한다. 만일 법을 집행하기 위해 범죄자를 체포하고서도 "걱정하지 마시오. 당신을 체포했지만 아무 징벌도 없을 것이요"라고 말한다면 그 법은 있으나마나다. 그런 법은 아무런 효력을 발휘

할 수 없다.

이 문제에 대해 우리의 사고를 충족시켜 줄 만한 구체적인 사례를 통해 현대의 신념을 간단히 점검해 보자. 어느 날, 거리에서 살인이 일어났다. 과연 어떤 조처가 취해질까? 정부 관리들이 설득에 나서고, 성명서를 발표하고, 새로운 규정을 만들고, 특히 부활절이나 성탄절에 라디오와 텔레비전 방송을 통해 경고를 발한다. 하지만 그런 노력이 과연 무슨 효력이 있을까? 거의 없다. 왜 그럴까? 그 이유는 인간은 반역을 일삼는 타락한 본성을 지녔기 때문이다. 국가가 이 문제를 처리할 수 있는 방법은 단 하나, 범죄자를 징벌하는 것이다. 그 방법만이 효력을 지닌다. 그 외에 다른 방법으로는 타락한 본성을 지닌 인간을 다스릴 수 없다. 합리적인 말로 설득하려고 하면, 인간은 오히려 그것을 역이용하려 든다.

영국 정부는 한때 히틀러에게 그와 같은 방법, 즉 소위 "유화정책"이라고 말하는 방법을 시도했다. 하지만 당시의 정책은 잘못이었다. 그런 방법은 개인의 경우에도 실효성을 거두기 어렵다. 정욕과 욕망에 사로잡힌 타락한 인간에게 합리적인 설득은 통하지 않는다.

:: 훈육과 징벌의 필요성

성경의 가르침에 따르면, 그런 사람들은 징벌을 가해 죗값을 치르게 해야 한다. 법을 무시하고 행동하는 경우에는 구속하여 징벌을 가해야 한다. 하나님은 범법자를 처리할 수 있는 구속력을 갖춘 율법을 허락하셨다. 율법을 어기는 경우에는 즉각 징벌이 뒤따랐다. 하나님은 율법을 수여하면서 율법의 조항을 어겨도 아무런 해가 없으리라고 말씀하지 않으셨다. 하나님은 자신의 율법을 실행하셨다. 이 나라의 과거만 돌아보더라도, 영적 부흥의 역사가 일어난 후에 가장 건전하고 영광스런 사회가 이루어졌다는 사실을 확인할 수 있다. 예를 들어 종교 개혁 이후의 엘리자베스 시대가 바로 그랬다. 당시 사람들은 성경에 다시금 관심을 기울였고, 신·구약성경의 가르침을 실천에 옮겼으며, 법을 효과적으로 집행했다.

엘리자베스 시대, 크롬웰 시대, 18세기 대각성 운동 이후의 시대가 모두 성경의 원리를 구체적으로 보여 준다. 성경은 인간이 타락한 본성의 소유자이자 죄인이요 반역자이며 정욕과 욕망의 지배를 받는 존재이기 때문에 강제적인 법률로 다스려 질서를 유지하게 해야 한다고 가르친다. 그리고 이 원리는 하나님의 법과 국가의 법을 위반하는 범죄나 비행을 저지르는 어른들은 물론 어린아이들에게도 똑같이 적용된다. 이것 외에 다른 방법을 적용하면 결국 혼란만 가중될 뿐이다. 오늘날 우리 사회에는 이미 그러한 현상이 나타나기 시작했다. 성경의 가르침은 하나님의 성품과 속성에 근거하며, 인간이 죄의 상태에 놓여 있다는 인식에 기초한다. 성경은 법을 올바로 집행해야만 사람들이 하나님의 은혜를 통해 인간의 법보다 한층 더 높은 법에 순종함으로써 그분을 기쁘시게 하고, 또 그분의 거룩한 계명을 존중하게 만들 수 있다고 가르친다.

> 영적 부흥의 역사가 일어난 후에 가장 건전하고 영광스런 사회가 이루어졌다는 사실을 확인할 수 있다.

이렇듯 성경은 도처에서 훈육과 징벌의 필요성을 강조한다. 그렇다면 우리는 이러한 기본 원리에서부터 출발해야 한다. 하지만 한 가지 문제가 남는다. 그것은 "정확한 징벌을 가할 수 있는 방법은 무엇인가?" 하는 물음이다. 특히 자녀를 훈육하는 문제와 관련해서 이 물음을 생각해 보자. 우리는 이미 본문에서 대답의 실마리를 찾을 수 있다. 즉, 징벌을 가하되 "자녀를 노엽게 하지 말아야 한다." 훈육의 방법은 잘못될 수도 있고 잘될 수도 있다. 어쨌든 우리는 하나님의 거룩한 법이 명하는 참

되고 올바른 훈육 방법을 찾는 데 관심을 기울여야 한다.

  종종 그리스도의 이름으로 스스로를 위장하는 현대의 신념은 기독교 신앙의 기본 교리를 모두 부정한다. 불신자들이 사형, 전쟁, 교육, 감옥 개혁을 비롯해 다른 많은 문제와 관련해서 현대의 신념을 강력히 옹호하고 나서는 현상은 조금도 놀라운 일이 아니다. 성경과 기독교의 가르침을 도외시하는 그들로서는 당연히 현대의 신념을 옹호할 수밖에 없기 때문이다. 하지만 우리 기독교인은 성경의 가르침을 바르게 이해해야 한다.

4. 사랑하기 때문에 때린다는 걸 아이가 알까요?

　　　　　　　　　이번에는 훈육을 실행하는 방법에 대해 생각해 보자. 사도 바울은 특별히 에베소서 6장 4절에서 이 문제를 다루고 있다. 훈육이 필요하다는 데는 더 이상 의문이 없다. 훈육은 마땅히 실행되어야 한다. 하지만 과연 어떻게 훈육을 실행해야 할까? 이 문제를 둘러싸고 종종 많은 혼란이 야기되어 왔다. 앞서 말한 대로, 이전 시대의 아버지들은 잘못된 방법을 사용했다. 훈육을 실행하는 그들의 방법과 태도는 성경의 가르침과는 거리가 멀었다. 특히나 요즘 사람들은 그에 대해 강력히 반발한다. 그렇다고 요즘 사람들의 입장이 전적으로 옳은 것도 아니다. 하지만 이런 상황은 훈육의 문제를 이해하는 데 큰 도움을 준다. 현대의 입장이 잘못이라고 해서 또다시 과거의 잘못된 방법으로 되돌아가서는 안 된다. 성경의 가르침에 따라야만 비로소 균형 있는 훈육이 가능하기 때문이다. 훈육은 반드시 실행해야 할 필수 과제다. 사도 바울은 훈육을 실행하는 방법을 신중히 생각해야 한다고 권고한다. 바른 방법을 적용하지 않으면 득보다 실이 더 많기 때문이다.

문제는 현대인들이 성경의 가르침에 큰 관심이 없다는 것이다. 앞서 지적한 대로 훈육 자체를 믿지 않기 때문이다. 따라서 그릇된 방법으로 훈육을 실행해서는 안 된다고 충고해도 귀담아 듣지 않을 공산이 크다. 따라서 현대인들에게는 훈육의 필요성과 실천에 대해 강조하는 것이 최선이다. 하지만 교회의 경우, 특히 복음주의 신자들과 미국에 있는 신자들의 경우에는 에베소서 6장 4절에 기록된 사도 바울의 말에 진지하게 귀를 기울여야 한다. 지나친 반발심에서 또다시 잘못된 방법을 선택할 수도 있기 때문이다. 우리가 잘못이라고 알고 있는 방법을 따르는 것은 전혀 옳지 못하다.

:: 극단적인 사람의 실수

부디 반발심 때문에 관점이 왜곡되는 일은 없어야 한다. 이는 비단 훈육의 문제만이 아니라 다른 삶의 문제에 있어서도 마찬가지다. 우리는 잘못된 것에 영향을 받아 그릇된 판단을 일삼을 때가 너무 많다. 이와 같은 경향을 보여 주는 구체적인 사례를 하나 생각해 보자. 요즘 보면, 근본주의의 폐단을 비판하고 경계하려다가 기독교의 핵심 교리까지 포기하는 기독교인들을 종종 목격한다. 그러나 이는 잘못을 지적하려다가 본인마저 잘못된 길에 치우치는 격이다. 우리의 관점은 항상 성경의 가르침에 근거해야 한다. 반발심에서 또 다른 극단으로 치달아서는 곤란하다. 자녀 훈육에 대한 현대의 신념이 잘못되었다고 판단하고 단호히 거부하려다가 또 다른 극단, 즉 이전 시대의 신념으로 회귀하는 복음주의 신자들이 적지 않다. 이런 결과를 피하려면 에베소서에 기록된 바울의 권고에 귀 기울여야 한다.

사도 바울은 자신의 가르침을 두 부분, 즉 부정적인 부분과 긍정적인 부분으로 나누어 말했다. 그가 말하는 문제는 비단 자녀들에게만 국한되지 않는다. 부모들 역시 주의해야 마땅하다. 바울은 부정적으로는 "너희 자녀를 노엽게 하지 말라"고

> 자녀를 올바로 훈육하지 못하면 오히려 반발심을 자극하여 분노와 앙심을 품게 만들기 쉽다.

말했으며, 긍정적으로는 "주의 교훈과 훈계로 양육하라"고 말했다. 따라서 이 두 가지 측면을 균형 있게 고려해야만 좋은 결과를 얻을 수 있다.

먼저 "너희 자녀를 노엽게 하지 말라"는 부정적인 권고에서부터 시작해 보자. 이 말은 "너희 자녀를 격앙시키지 말라, 너희 자녀를 화나게 하지 말라, 너희 자녀를 분노케 하지 말라"는 뜻으로 번역될 수 있다. 실로 훈육을 실행할 때 흔히 저지르기 쉬운 잘못이다. 그런 잘못을 저지를 경우에는 득보다 실이 훨씬 더 크다.

자녀를 올바로 훈육하지 못하면 오히려 반발심을 자극하여 분노와 앙심을 품게 만들기 쉽다. 그렇게 되면, 훈육을 하지 않은 경우보다 상황이 더 악화된다. 하지만 이미 살펴본 대로, 어느 쪽으로든 극단에 치우치는 것은 잘못이다. 우리는 자녀의 분노나 앙심을 자극하지 않는 한도에서 훈육을 실행해야 한다. 한마디로, 균형을 잘 유지해야 하는 것이다.

그러면 어떻게 해야 할까? 어떻게 하는 것이 올바른 훈육일까? 여기에 대해서는 비단 부모만이 아니라 학교 선생은 물론 젊은이들을 가르치는 위치에 서 있는 사람들 모두가 생각해 보아야 한다. 이쯤에서 다시 에베소서 5장 18절로 돌아가 보자.

"술 취하지 말라 이는 방탕한 것이니 오직 성령으로 충만함을 받으라."

이 말씀이 언제나 문제 해결의 원리다. 앞서 이 말씀을 설명하면서 우리는 성령 안에서 사는 삶, 즉 성령 충만한 사람의 삶은 항상 능력과 통제라는 두 가지 특징을 지닌다고 배웠다. 이때의 능력은 "절도 있는 능력"을 가리킨다. 바울은 디모데에게 "하나님이 우리에게 주신 것은 두려워하는 마음이 아니요 오직 능력과 사랑과 절제하는 마음이니"(딤후 1:7)라고 말했다. 조절되지 않은 능력이 아닌 "사랑과 절제하는 마음"으로 잘 조화된 능력이 필요한 것이다. 실로 이는 성령 충만한 사람의 특징 가운데 하나다.

기독교인은 술의 영향력 아래 있는 사람, 즉 술에 취해 자제력을 잃은 사람과는 전적으로 다르다. 격렬하게 반응하는 사람은 항상 극단에 치우치기 마련이다. 술 취한 사람은 쉽게 흥분하며 분노한다. 술 취한 사람은 균형 감각이나 판단력을 잃은 채 사소한 일에 격분하기도 하며, 반대로 크게 기뻐하기도 한다. 그런 사람은 극단에 치우칠 수밖에 없다. 하지만 기독교인이라면 바울의 말대로 항상 균형 있는 행동을 취해야 한다.

그러면 우리는 자녀를 어떻게 훈육해야 할까? 성경은 "너희 자녀를 노엽게 하지 말라"고 했다. 이것이 우리가 규범으로 삼아야 할 첫 번째 원리다. 부모가 자신의 성질을 잘 다스려 자제력을 잃지 않아야만 올바른 훈육이 가능하다. 술 취한 사람의 문제는 자제력을 잃고 본능과 욕정과 감정에 좌우된다는 데 있다. 술은 자제력은 물론 모든 건전한 사고 활동을 방해한다. 술은 사고의 중심 역할을 하는 두뇌의 판단력을 흐리게 만들어 원초적인 본능에 따라 행동하게 만든다. 때문에 술 취한 사람은 통제를 아예 포기하거나 과도한 통제를 일삼는 양 극단 중 어느 한 가지 태도를 취하기 쉽다. 하지만 기독교인은 성령으로 충만한 채로 항상 균형 있는 통제력을 유지한다.

∷ 훈육을 위한 7가지 원칙

1. 자신의 감정을 먼저 다스려라

자녀를 훈육할 때는 먼저 우리 자신을 통제해야 한다. 자녀를 훈육할 때 분노를 이기지 못하면 득보다 실이 더 커지고 만다. 우리 자신이 훈육을 필요로 하는 상황인데 어떻게 자녀를 가르칠

> 부모가 자신의 성질을 잘 다스려 자제력을 잃지 않아야만 올바른 훈육이 가능하다.

수 있겠는가? 따라서 감정을 다스릴 수 있는 자제력은 훈육의 선결 조건이다. 하지만 알다시피 스스로 자제력을 갖추기는 매우 어렵다. 우리는 거리와 사람이 많이 모인 곳에서 그런 현상을 목격한다. 분노를 억제하지 못하고 격한 감정에 사로잡혀 자녀를 질책하는 부모들의 모습이 종종 눈에 띈다. 하지만 그런 부모는 자제력이 없는 부모다. 그들의 훈육은 오히려 자녀를 분노하게 만든다.

그러므로 훈육은 먼저 우리 자신에게서부터 시작되어야 한다. 이것이 훈육의 첫 번째 원리다. 항상 차분한 감정을 유지하며 스스로를 통제할 수 있도록 하자. 어떤 일이 일어나든지, 또 어떤 자극이 주어지든지, 술 취한 사람처럼 격렬하게 반응해서는 안 된다. 먼저 우리 자신을 통제할 만한 자제력이 있어야만 상황을 객관적으로 판단해서 균형 있는 훈육을 실행할 수 있다. 이 점은 매우 중요하다. 각 개인뿐 아니라 세계의 각 나라도 이 점을 깨달아야 한다. 정치인들이 어린아이보다 더 유치하게

구는 바람에 중요한 회의가 결렬될 때가 얼마나 많은가. 그들은 스스로를 통제하지 못하고 거칠게 반응한다. 바로 그와 같은 "술 취한 상태" 즉 격한 반응이 전쟁의 원인이 된다. 인생살이, 결혼, 가정 생활 및 삶의 모든 영역에서 갈등이 빚어지는 이유 역시 마찬가지다. 물론 이러한 교훈은 다른 어떤 문제보다 자녀 훈육에 있어 선결조건이 된다.

2. 감정과 행동에 일관성이 필요하다

두 번째 원리는 첫 번째 원리로부터 자연스레 도출된다. 올바른 방법으로 자녀를 훈육하려면 절대로 변덕스러워서는 안 된다. 훈육을 받는 사람을 가장 짜증스럽게 만드는 요인은 훈육을 실시하는 사람의 변덕스럽고 불확실한 태도다. 자녀들은 감정의 기복이 심해 말과 행동을 도무지 예측할 수 없는 부모에게서 가장 큰 반발심을 느낀다.

하루는 기분이 좋아서 자녀가 어떻게 하든 가만히 놔두었다가, 이튿날에는 아무 잘못을 저지르지 않았는데도 버럭 화를 내는 부모야말로 최악의 부모다. 그런 태도는 자녀를 매우 어렵게 만든다. 부모의 변덕은 술 취한 상태와 같다. 술 취한 사람의 행동은 예측하기 어려운 법이다. 기분이 좋은지 나쁜지를 예측할 수 없는 사람은 이성의 지배를 받지 않고 기분에 따라 행동하기를 좋아한다. 하지만 그런 부모는 유익하고 참된 훈육을 실시할 수 없으며, 자녀의 반발심만 키워 줄 뿐이다. 자녀는 분노의 감정을 느낄 뿐 그런 부모를 결코 존중하지 않는다.

> 자녀들은 감정의 기복이 심해 말과 행동을 도무지 예측할 수 없는 부모에게서 가장 큰 반발심을 느낀다.

비단 감정적인 반응만이 아니라 행동 역시 마찬가지다. 행동에 일관성이 없는 부모는 자녀를 올바로 훈육하기 어렵다. 하루는 이렇게 행동했다가 또 하루는 정반대로 행동하는 부모는 건전한 훈육을 실시할 수 없다. 따라서 감정적인 반응은 물론, 행동에도 일관성이 있어야 한다. 부모의 언행에는 일관된 형식이 필요하다. 자녀가 항상 부모를 지켜보고 있기 때문이다. 부모가 변덕스럽고 자녀에게 금지하는 일을 스스로 행하는 경우에는 자녀를 올바로 훈육할 수 없다. 부모가 변덕스럽거나 불확실하거나 일관된 태도를 보이지 않으면 올바른 훈육이 불가능해진다.

3. 언제나 합리적인 태도를 유지하라

또 하나의 중요한 원리는 자녀의 말을 잘 들어주고, 늘 합리적인 태도를 취해야 한다는 것이다. 훈육의 방법과 절차가 불합리하다는 느낌이 들면, 훈육을 받는 사람은 당연히 불만을 느낄 수밖에 없다. 바꾸어 말해, 상황을 고려하지 않거나 일리 있는 설명을 귀담아 듣지 않는 부모는 자녀를 올바로 훈육할 수 없다. 어떤 부모는 자녀를 훈육하면서 불합리한 태도를 취하는 탓에 종종 잘못된 판단을 내리곤 한다.

자녀에 관해 전해들은 말이 잘못되었을 수도 있고 또 미처 알지 못한 특수한 상황이 있을지도 모르는데, 상황이나 입장을 설명할 기회조차 주지 않는 것은 명백한 잘못이다. 물론, 그런 기회를 제공할 때 자녀가 이를 악용할 소지도 없지 않다. 그럼에도 불구하고 부모는 항상 합리적인 태도를 취하는 것이 중요하다. 일단 자녀의 말을 들어주고 정당한 이유가 아니라고 판단되면, 잘못된 행동은 물론이고 억지 변명을 늘어놓은 일에 대해서도 적절한 훈계를 베풀 수 있어야 한다. 하지만 처음부터 아예 귀를 막고 어떤 변명도 용납하지 않을 때는 돌이킬 수 없는 실책을 범할 가능성이 아주 높다.

국가의 경우에도 동일한 원리가 적용된다. 우리는 경찰 국가를 좋아하지 않는다. 우리는 재판의 기회를 부여하지 않고 사람을 마구 감옥에 가두는 것을 금지한 인신 보호법에 긍지를 느낀다. 만일에 그런 사태가 빚어지면 반드시 격렬히 항의할 것이다. 하지만 그런 일들이 우리 가정에서는 비일비재하게 일어난다. 만일 자녀에게 자신의 입장을 개진할 수 있는 기회를 허락하지 않으면, 이성적인 판단이 불가능해질 뿐 아니라 새로운 사실을 발견할 수 있는 가능성을 스스로 차단하는 셈이 되고 만다. 그런 태도는 명백히 잘못이다. 더욱이 그런 태도는 자녀를 노엽게 만든다. 그런 식의 훈육은 자녀를 분노케 하여 반발심만 키울 뿐이다.

4. 자녀의 유익을 위해 행동하라

우리가 생각해야 할 또 하나의 원리는 부모가 이기적이어서는 안 된다는 것이다. 본문은 "자녀들아 너희 자녀를 노엽게 하지 말라"고 말한다. 이기적으로 행동하는 부모는 자녀를 분노하게 만든다. 자녀도 나름대로의 삶과 인격이 있다. 하지만 그런 사실을 인정하지 않고 자녀를 자신의 즐거움이나 이익을 위해 이용하는 부모들이 있다.

그런 부모는 부모의 위치와 역할을 잘못 생각하는 부모다. 사실, 자녀는 부모에게 속한 것이 아니라 위탁된 존재다. 자녀는 물건이나 가재도구처럼 부모의 소유가 아니다. 부모는 자녀의

자녀는 물건이나 가재도구처럼 부모의 소유가 아니다. 부모는 자녀의 보호자요 후견자일 뿐, 자녀에 대해 절대권을 지니지 않는다. 하지만 마치 자녀를 소유물처럼 생각하는 부모들이 많다. 그들은 자녀의 인격을 전혀 고려하지 않는다. 그런 독단적인 부모보다 더 통탄스럽고 더 비난 받을 만한 존재는 없다. 자녀의 인격을 짓밟고 자신의 인격을 강요하는 부모, 즉 자녀에게 모든 것을 요구하고 모든 것을 기대하는 부모가 바로 여기에 해당한다. 그런 태도는 독점욕에서 비롯한다. 그보다 더 잔인한 것은 없다. 안타까운 사실은 그런 태도를 성인이 되어서도 버리지 못하는 사람들이 많다는 것이다.

나는 그간 목회 활동을 해 오면서 온갖 불행한 사태를 자주 목격했다. 개중에는 부모의 독점욕이 원인인 경우가 많았다. 이기적이고 독점적이며 독단적인 부모 때문에 인생을 망친 이들이 적지 않다. 부모 때문에 결혼을 포기한 채 살아가는 남녀가 허다하다. 심지어는 부모를 떠나야겠다는 생각만으로도 마치 큰 죄인이 된 듯한 심정을 느끼는 자녀들마저 있었다. 평생을 부모를 위해 사는 것만이 세상에 태어난 유일한 목적이라는 생각을 강요 받으며 자란 탓이다.

부모들은 그들에게 독립된 삶을 허락하지 않았고, 인격을 계발할 수 있는 기회도 주지 않았다. 부모의 독단이 자녀의 개성과 인격과 삶을 짓뭉개 버린 것이다. 이런 부모의 태도는 가장 비열한 독재로 성경의 가르침에 정면으로 위배된다. 그런 태도는 도저히 용서 받을 수 없다. 부모가 자녀의 인격을 짓밟는 동안, 자녀의 마음에는 분노가 쌓인다. 오직 "술 취하지 말라 이는 방탕한 것이니"라는 말씀을 명심해야 그런 태도를 버릴 수 있다.

술 취한 사람은 오로지 자기 자신의 만족에만 관심을 기울인다. 그는 다른 사람을 배려할 줄도 모르고, 자신의 이기적인 행동이 다른 이에게 고통을 안긴다는 사실도 깨닫지 못한다. 실로 술 취한 상태는 이기심의 극치라 할 수 있다. 우리는 그런 마음을 지녀서는 안 된다. 특히 부모와 자녀 사이에는 절대로 그런 일이 있어서는 안 된다.

5. 인격적이고 지성적으로 훈육하라

거듭 강조하지만, 징벌과 훈육은 기계적이어서는 안 된다. 간혹 훈육을 위한 훈육을 생각하는 사람들이 있다. 하지만 그런 생각은 성경의 가르침보다는 군대 훈련교관의 철학에 더욱 가깝다. 그런 훈육은 한마디로 반지성적이며 끔찍하기만 하다. 군대에서는 일반적으로 무지막지한 훈육이 이루어진다. 모든 것이 규칙대로 진행될 뿐, 인격이 전혀 고려되지 않는다. 군대에서는 그런 훈육이 필요할지 몰라도, 가정에서는 전혀 불필요하다. 다시 말해, 참되고 올바른 훈육에는 항상 이유가 있어야 하는 것이다.

자녀의 훈육은 결코 기계적이어서는 안 된다. 항상 지성적이고, 항상 이유가 있어야 하며, 또한 그 이유가 명백하고 타당해야 한다. 버튼을 누르기만 하면 자동적으로 원하는 결과가 나올 것이라는 기계적인 사고방식은 금물이다. 그런 훈육은 참 훈육과는 거리가 멀 뿐 아니라 인간적이지도 못하다. 기계만이 그런 식으로 작동된다. 참 훈육은 항상 이해에 근거하며, 합리적인 이유와 설명을 토대로 한다.

지금까지 말한 내용은 균형 있는 훈육에 반드시 필요하다. 앞서 훈육의 필요성을 부인하는 현대의 신념을 비판하면서, 현대의 신념이 이유를 설명하고 설득하면 모든 것이 잘될 것이라는 가정에 근거한다고 지적한 바 있다. 하지만 그런 신념은 이론과 실천 모두에서 심각한 오류를 안고 있다. 즉, 그런 신념은 "이 일은 반드시 행해야 한다. 왜냐하면 나의 명령이기 때문이다. 그밖에 다른 설명은 없다. 어떤 물음도 용납하지 않겠다"는 또 다른 극단과 하등 다를 바 없다. 균형을 추구하는 기

> 자녀의 훈육은 결코 기계적이어서는 안 된다. 항상 지성적이고, 항상 이유가 있어야 하며, 또한 그 이유가 명백하고 타당해야 한다.

독교적인 훈육은 이런 식의 기계적인 훈육과는 전혀 무관하다. 기독교적인 훈육은 이해와 설명을 바탕으로 하며 항상 생명력이 있고 인격적일 뿐 아니라, 무엇보다도 지성적이다. 기독교적 훈육은 항상 목표가 분명하며, 극단에 치우치지 않는다. 또한 자제력을 잃고 감정에 치우쳐 폭력적으로 반응하지도 않는다. 참 훈육의 중심에는 언제나 이성적이고 지성적인 요소가 존재한다.

6. 합리적인 태도로 징벌하라

이런 사실은 자연히 여섯 번째 원리로 이어진다. 곧 훈육은 너무 혹독해서는 안 된다. 선한 의도를 지닌 부모도 잘못을 저지른 자녀를 책망하고 질책하다 본의 아니게 마음이 격동되어 지나치게 혹독한 징벌을 가할 수 있다. 하지만 훈육을 하지 않는 것만큼이나 과도한 징벌을 가하는 것도 옳지 않다. 자제력을 갖춘 균형 있는 훈육이 필요하다. "범죄에 따라 적절한 형벌

을 가해야 한다"는 고대의 격언을 기억하기 바란다. 큰 잘못과 작은 잘못을 가리지 않고 모든 잘못에 최고의 형벌을 가하는 일은 절대로 옳지 않다.

다시 말하지만, 기계적인 훈육은 금물이다. 형벌이 잘못에 비해 터무니없이 클 경우엔 긍정적인 효과를 기대하기 어렵다. 그런 형벌을 받는 사람은 부당하고 억울한 심정을 느낄 수밖에 없다. 잘못에 비해 과도한 형벌을 가할 경우에는 건전한 훈계가 아닌 폭력으로 그것을 인식할 가능성이 높다. 그런 처사는 사도 바울의 말대로 "자녀를 노엽게 한다." 다시 말해, 억울하고 분한 마음을 품게 하는 것이다.

비록 스스로의 잘못을 인정한다고 해도 그런 혹독한 징벌을 받을 만한 잘못을 저지른 적이 없다는 생각이 자연스레 치민다. 따라서 자녀에게 수치심을 느끼게 만드는 훈육은 곤란하다. 자녀에게 수치심을 느끼게 만드는 부모는 본인이 먼저 훈육을 받아야 할 필요가 있다. 부디 자녀를 수치스럽게 만들지 말라. 징벌이 필요할 때는 징벌하라. 하지만 반드시 이해를 바탕으로 한 합리적인 징벌이어야 한다. 부모 앞이기는 하나 자존심과 굴욕감을 느낄 정도로 철저히 인격을 깎아뭉개서는 안 된다. 물론 다른 사람들이 보는 앞에선 더더욱 그래서는 안 된다.

올바른 훈육을 실행하기는 매우 어렵다. 그러나 "성령 충만한" 사람이 된다면, 이 모든 일에

> 징벌이 필요할 때는 징벌하라. 하지만 반드시 이해를 바탕으로 한 합리적인 징벌이어야 한다.

올바른 판단을 내릴 수 있다. 훈육을 실행하는 목적은 부모의 감정을 만족시키기 위해서가 아니다. 그런 생각은 전적으로 잘못이다. 징벌을 가하는 일을 즐거워 해서도 안 된다. 아울러, 자녀의 인격이나 삶을 짓밟아서도 안 된다. 성령은 이 문제에 대해 신중한 태도를 취하라고 말씀하신다. 인격적인 가르침은 없고 엄격하고 혹독한 징벌만을 가한다면, 바울이 경고하는 잘못을 저지르기 쉽다. 그런 부모는 자녀를 노엽게 하며 더 큰 반발심을 갖게 할 뿐이다. 자녀는 그런 부모를 존경하기는커녕 혹독한 처사에 분노하며 부당하고 억울한 심정을 느끼게 될 것이다. 이런 방식은 부모와 자녀 모두에게 유익하지 못하다. 그런 식의 훈육은 절대 금물이다.

7. 자녀의 성장과 발전을 인정하라

지금까지 부정적인 각도에서 훈육의 여러 측면을 생각해 보았다. 이제 한 가지만 더 짚고 넘어가기로 하자. 부모는 자녀의

성장과 발전을 무시해서는 안 된다. 이는 부모가 쉽게 저지를 수 있는 잘못 가운데 하나다. 다행히도, 요즘에는 그런 잘못을 저지르는 부모가 이전보다 조금 줄어들었다. 하지만 여전히 자녀가 어린 시절의 모습 그대로 존재하는 것처럼 생각하며 평생을 살아가는 부모들이 있다.

그런 부모는 자녀가 스물 다섯 살이 되었는데도 마치 아직도 다섯 살 된 어린아이인 양 계속 그렇게 취급한다. 이처럼 그들은 하나님이 허락해 주신 자녀가 성장과 발전을 거듭하는 고귀한 인격체라는 사실을 인식하지 못한다. 또한, 그들은 자녀의 인격과 지식이 성장하고 경험이 누적되면서 자기들과 같은 어른이 되어 간다는 사실을 인정하지 않는다.

이 문제는 특별히 사춘기에 접어든 자녀들에게 매우 중요하다. 오늘날, 사춘기에 접어든 청소년들을 다루는 문제가 우리 사회의 가장 중요한 화두 가운데 하나로 부상했다. 이는 일반 학교는 물론 교회 주일학교의 문제이기도 하다. 주일학교 교사들은 아이들이 사춘기에 접어들기 전에는 가르치는 데 큰 어려움을 느끼지 않지만, 사춘기에 접어든 이후에는 다루기가 매우 어렵다고 말한다. 부모들 역시 똑같은 현실에 직면한다. 사춘기는 인간이면 누구나 통과해야 할 가장 어려운 시기다.

따라서 사춘기에 접어든 청소년을 대할 때는 특별한 은혜와 이해력과 세심한 주의가 필요하다.

> 사춘기는 인간이면 누구나 통과해야 할 가장 어려운 시기다. 따라서 사춘기에 접어든 청소년을 대할 때는 특별한 은혜와 이해력과 세심한 주의가 필요하다.

부모는 자녀의 성장에 대비해야 한다. 자녀가 아홉 살이든 열 살이든 얼마든지 잘 통제할 수 있다고 자신하며, "나는 무슨 일이 있어도 지금까지 해 오던 방식을 고수하겠어. 자녀의 뜻보다는 나의 뜻을 관철시킬 거야. 아이가 어떻게 느끼거나 이해하든지 개의치 않겠어. 아직도 철부지일 뿐인데 무엇을 알겠어? 나의 뜻을 계속 강요할 거야"라고 생각해서는 곤란하다. 그런 식으로 생각하고 행동하면 자녀를 노엽게 만들어 큰 해를 끼치게 된다.

다시 말해 자녀에게 심리적인 피해는 물론, 경우에 따라서는 육체적인 피해를 입힐 수도 있다. 이런 부모의 태도는 오늘날 흔히 관찰되는 다양한 형태의 심신증(心身症:심리적인 원인으로 신체에 일어나는 병적인 증상-편집자주)을 야기하는 원인이 된다. 그러한 현상이 만연한 이유는 대개 부모의 잘못된 행동 때문이다. 우리는 그런 잘못을 범해서는 안 된다.

:: 하나님이 위탁하신 영혼

그렇다면 이런 잘못을 저지르지 않을 수 있는 방법은 무엇일까? 가장 좋은 방법은 우리의 생각을 자녀에게 강요하지 않는 것이다. 물론, 일정한 나이가 되기 전까지는 억지로라도 필요한 일들을 가르치는 것이 옳고 또 바람직하다. 적절하게만 이루어진다면 아무 문제가 없다. 심지어 자녀들도 그런 훈육 방식을 좋아한다. 하지만 학교나 다른 경로를 통해 다양한 견해나 사상을 접하기 시작할 나이가 되면 서서히 갈등이 불거지곤 한다. 부모는 당연히 본능적으로 자녀를 보호하려고 한다. 하지만 득보다는 실이 더 많은 방법으로 보호의 손길을 내밀 때가 허다하다.

자녀에게 "내가 이렇게 믿고 또 이렇게 행동했기 때문에 너도 그대로 따라야 한다"는 식의 인상을 심어 주면 반발심을 자극할 뿐이다. 그런 태도는 성경의 가르침과 거리가 멀뿐 아니라, 중생에 관한 신약성경의 교리를 올바로 이해하지 못했다는 증거가 된다.

이 시간을 빌어, 이 문제뿐 아니라 다른 문제에도 공통적으로 적용되는 중요한 원리 하나를 간단히 생각해 보기로 하자. 당신은 기독교를 믿지만 아직 가까운 사람들은 기독교를 믿지 않는 경우가 있을 것이다. 그런 사람이라면 특별히 신중해야 한다. 그런 사람은 가족들 즉 남편, 아내, 부모, 자녀가 기독교의 진리를 이해하지 못하는 것을 답답하게 생각해 기독교 신앙을 조급하게 강요하려는 경향을 보인다. 하지만 그래서는 안 된다. 중생의 체험이 없는 한, 믿음을 가질 수 없기 때문이다. 오직 거듭나야만 믿을 수 있다. "불법과 죄로 죽은" 상태에 있는 한 믿음을 가질 수 없다. 더욱이 믿음은 강요해서 되는 일이 아니다. 거듭나지 않은 사람은 진리를 볼 수도 이해할 수도 없다. 성경은 "육에 속한 사람은 하나님의 성령의 일들을 받지 아니하나니 이는 그것들이 그에게는 어리석게 보임이요, 또 그는 그것들을 알 수도 없나니 그러한 일은 영적으로 분별되기 때문이라"(고전 2:14)고 말한다.

많은 부모가 이 문제에 대해 잘못을 저지른다. 그들은 사춘기에 접어든 자녀에게 기독교 신앙을 강요하고, 자신의 신념을 불어넣으려고 노력하며, 그들이 믿지 않는 것을 억지로 고백하게 만든다. 하지만 그런 방법 역시 잘못이다.

그러면 어떻게 해야 할까? 바로 합리적인 성품과 참 신앙으로 모범을 보임으로써 자녀의 마음을 움직일 수 있어야 한다.

> 할 수 있는 한 최대한 양보함으로써 자녀의 인격과 개성을 존중하는 마음을 보여 주어야 한다.

인내심을 가지고 자녀의 어려움을 이해하려는 노력이 필요하다. 자녀가 안고 있는 문제는 부모가 볼 때는 아무 일도 아닌 듯하지만, 당사자에게는 심각한 현실이다. 훈육은 항상 자녀의 인격을 존중하는 상태에서 이루어져야 한다. 사랑과 이해와 동정심을 가지고 자녀의 입장에 서서 도움을 베풀도록 하자. 설혹 자녀가 그러한 부모의 노력을 받아들이지 않더라도 분노하지 말고, 도리어 안타까운 마음을 가져야 한다. 즉, "진정 귀중한 것을 잃고 살아가는 네가 몹시 안타깝구나" 하는 인상을 심어 주어야 한다. 또한, 가능한 한 많이 양보해야 한다. 엄격하고 완고한 태도를 취하지 말고, 부모라는 이유만을 내세워 무조건 자녀의 요구를 거부하지 말라. 이를 명심하는 것이 참 훈육의 방법이자 태도다.

할 수 있는 한 최대한 양보함으로써 자녀의 인격과 개성을 존중하는 마음을 보여 주어야 한다. 그러한 노력은 항상 옳고 선할 뿐 아니라 궁극적으로 좋은 결과를 낳는다.

나의 주장을 요약하면 다음과 같다. 훈육은 항상 사랑으로 이루어져야 한다. 사랑으로 하지 않는 훈육은 사실상 훈육이 아니다. 그런 경우 정작 훈육이 필요한 사람은 바로 부모 자신이다. 사도 바울은 사랑 안에서 진실을 말하라고 했다. 이런 그의 말은 훈육의 문제에도 고스란히 적용된다. 진실을 말하되 사랑으로 하라. 훈육은 이 원리에 근거해야 한다. 다시 말해, 사랑으로 시작해서 사랑으로 끝나야 한다. "술 취하지 말라 이는 방탕한 것이니 오직 성령으로 충만함을 받으라." 성령의 열매는 무엇인가? 바로 "사랑, 희락, 화평, 인내, 자비, 양선, 충성, 온유, 절제"다. 부모가 성령 충만해서 그러한 열매를 맺으면, 자녀 훈육은 그다지 어렵지 않다.

"사랑, 희락, 화평, 인내"를 항상 기억하라. 언제나 사랑 안에서 자녀의 유익을 구하라. 훈육의 목표는 부모가 정한 규칙을 유지하는 데 있지 않다. 또한 "내가 이 일을 이렇게 하기로 결정했으니 꼭 그렇게 따라야 한다"는 식으로 말해서도 안 된다. 부모는 자기 자신보다 자녀를 먼저 생각하자. 자녀의 유익이 훈육의 동기가 되어야 한다. 부모의 도리를 올바로 이해하고, 자녀를 하나님이 위탁하신 생명체로 생각해야 한다. 자녀를 독차지하려 들거나, 부모의 생각과 뜻에 맞추려 하거나, 부모의 인격을 강요해서는 곤란

훈육은 항상 사랑으로 이루어져야 한다. 사랑으로 하지 않는 훈육은 사실상 훈육이 아니다.

> 참 훈육이 이루어진다면, 자녀는 설혹 변명을 내세우고 싶어도 부모가 옳다는 생각을 갖게 될 테고, 결과적으로 부모의 올바른 성품을 존경할 것이다.

하다. 하나님이 우리에게 자녀를 맡기신 이유는 궁극적으로 하나님과 주 예수 그리스도를 알게 하시기 위해서다. 자녀는 부모와 똑같은 하나의 인격체이다. 자녀도 부모처럼 똑같이 하나님에 의해 세상에 보내진 존재다. 따라서 부모는 자녀를 어쩌다가 소유하게 된 동물이나 소유물처럼 생각하기보다 하나의 영혼으로 알아 귀히 여겨야 한다. 자녀는 하나님이 부모에게 위탁하신 영혼이다. 부모는 자녀의 보호자이자 후견인으로서 최선을 다해야 한다.

마지막으로, 자녀가 부모에 대해 존경심을 가질 수 있는 훈육이 이루어져야 한다. 자녀가 항상 부모의 마음을 헤아릴 수는 없다. 때로는 자신이 당하는 징벌이 부당하다고 생각할 수 있다. 하지만 "성령 충만한" 부모의 훈육은 결과적으로 자녀에게 부모를 공경하고 사랑할 줄 아는 마음을 심어 줄 것이다. 그러다 보면 언젠가는 부모의 은공을 깨닫고 고맙게 생각할 날이 오게 된다.

참 훈육이 이루어진다면, 자녀는 설혹 변명을 내세우고 싶어도 부모가 옳다는 생각을 갖게 될 테고, 결과적으로 부모의 올바른 성품을 존경할 것이다. 자녀는 부모의 삶을 지켜보고 있다. 부모가 스스로를 자제하고 통제하기 위해 노력하는 모습은 고스란히 자녀의 눈에 드러나기 마련이다. 그런 모습을 지켜보는 자녀는 부모의 훈육이 변덕스런 기분에 따른 것이 아니라는 사실, 즉 부모가 단지 감정의 발산이나 화풀이를 위해 훈육을 실행하는 것이 아니라는 사실을 깨닫게 된다. 뿐만 아니라 부모가 자신을 진정으로 사랑하며 악하고 타락한 세상에서 자신의 유익과 행복을 지켜주기 위해 노력하고 있다는 사실에 고마움을 느끼고, 부모를 진정으로 사랑하고 존경하게 될 것이다.

∷ **그리스도 예수의 마음**

"아비들아 너희 자녀를 노엽게 하지 말라." 인생은 참으로 중대한 과제다. 그리고 삶 속에서 아내와 남편과 부모와 자녀의 관계는 참으로 중요하다. 오늘날, 성급히 결혼 생활에 뛰어들었다가 성급히 종지부를 찍는 사람들이 있다. 그런 사람들 중에는 부모가 된다는 것이 무엇을 의미하는지조차 알지 못하는 사람들이 많다. 그들은 자녀를 귀찮은 존재로 생각하기도 하고, 기분에 따라 어떤 때는 지나치게 귀여워하면서 또 다른

> 우리가 우리의 자녀를 대하듯 하나님이 우리를 대하신다면 과연 어떻게 될까?

때는 지나치게 가혹한 징벌을 가하기도 한다. 자녀들을 집에 홀로 남겨둔 채 부부끼리만 밖에 나가 인생을 즐기기도 하고, 자녀들에게서 벗어나기 위해 그들을 기숙사 학교에 입학시키기도 한다. 감수성이 예민한 어린 자녀가 어떤 고민을 안고 있고 또 어떤 고통을 당하고 있는지에 대해서는 아무 관심이 없다. 이와 같은 불행한 사태가 빚어지는 원인은 신약성경의 가르침에 순종하지 않기 때문이다. 다시 말해, "성령 충만한 삶"을 도외시하는 데 그 원인이 있다. 하나님은 무한한 사랑과 자비와 은혜로 우리를 대하셨건만 부모들은 그런 식으로 자녀를 대하지 않는다.

우리가 우리의 자녀를 대하듯이 하나님이 우리를 대하신다면 과연 어떻게 될까? 하나님의 오래 참으심과 인내하심을 다행으로 알아야 한다. 하나님은 과거에 이스라엘 백성에게 그러셨듯이, 오늘날에도 우리의 악한 행동에 대해 큰 인내심을 발휘하고 계신다. 나는 우리를 향한 하나님의 오래 참으심과 인내가 참으로 놀랍기만 하다. 기독교인들이나 자녀들을 기르는 부모들을 비롯해 어린 사람들을 가르치는 이들은 "너희 안에 이 마음을 품으라 곧 그리스도 예수의 마음이니"라는 성경말씀을 명심해야 한다. "자녀를 노엽게" 하면 부모와 자녀 모두가 훈육의 실패로 인한 고통에 시달리게 된다. 그런 고통을 피하려면 우리의 마음 속에 항상 예수님의 사랑을 품어야 한다.

5.
아이를 위해 구체적으로 할 수 있는 게 뭘까요?

앞서 말한 대로 부모들을 위한 바울 사도의 권고는 두 가지 측면, 즉 부정적인 측면과 긍정적인 측면을 지닌다. 자녀를 격앙시키거나 짜증스럽게 만들거나 분노하게 해서는 안 된다는 것이 전자에 해당하고, "주의 교훈과 훈계로 양육하라"는 것이 후자에 해당한다. 이제는 바울의 권고 가운데 긍정적인 측면을 살펴보기로 하자.

바울의 권고 방식은 매우 흥미롭다. 그는 "양육하라"고 말했다. 이 말은 "자녀를 성숙하게 키우라"는 뜻이다. 그렇다면 부

바울의 권고 방식은 매우 흥미롭다. 그는 "양육하라"고 말했다. 이 말은 "자녀를 성숙하게 키우라"는 뜻이다. 모의 첫 번째 임무는 자녀들에 대한 책임감을 깨닫는 것이다. 앞서 강조한 대로, 자녀는 부모의 소유물이 아니다. 자녀는 부모에게 속하지 않는다. 하나님이 잠시 동안 위탁하신 생명체일 뿐이다. 하나님이 자녀를 맡겨 주신 까닭은, 부모의 즐거움이나 부모의 욕망을 위해 자녀를 이용하라는 것이 아니다. 부모의 역할은 이 세상에서의 삶은 물론 하나님과의 올바른 관계를 위해 자녀를 양육하고, 보살피고, 준비시키는 데 있다.

:: 사도 바울의 중요한 권고

바울의 권고는 우리에게 인생의 중대함을 일깨워 준다. 오늘날 세상에서 가장 안타깝고 슬픈 일이 있다면 인생의 중대함을 의식하지 못하는 사람들이 많다는 사실이다. 우리가 이 세상에서 한 사람의 개인으로 살아가야 한다는 것은 참으로 중요한 문제가 아닐 수 없다. 가정과 가족이라는 문제를 생각하면 우리의 인생은 훨씬 더 어렵기만 하다. 이런 점에서 부모의 역할과 도리를 일깨워 주는 사도 바울의 권고는 매우 의미심

장하다. 바울은 하나님이 우리에게 자녀를 맡기신 이유가 참된 인생을 살아갈 수 있도록 훈련하고 준비시키는 데 있다고 말한다.

신문에 보면, 다양한 종류의 동물을 기르는 일에 관심을 기울이는 사람들이 종종 소개되곤 한다. 말이든 개든, 동물을 훈련시키는 일은 쉽지 않다. 적절한 사료를 먹여야 하고 규칙적인 운동을 시켜야 하며 편안한 잠자리를 마련해 주어야 하고 또 여러 가지 위험에서 보호해야 하는 등, 정말이지 할 일이 많다. 그런데 어떤 사람들은 대회에서 상을 탈 욕심으로 애완동물을 기르는 일에 많은 돈과 시간과 관심을 투자하면서도, 정작 자녀를 양육하는 일에는 충분한 시간과 관심과 노력을 기울이지 않는다. 이것이 오늘날의 사회에 온갖 문제가 만연하는 이유 가운데 하나다. 만일 사람들이 동물이나 꽃을 기르는 데 관심을 기울이는 것만큼 자녀 양육에 관심을 기울인다면, 상황은 크게 달라질 것이 틀림없다. 사람들은 동·식물을 기르는 일에 관해서는 책도 읽고 대화를 나누며 조언을 듣기도 하는 등 노력을 아끼지 않는다. 하지만 자녀 양육이라는 중대한 문제에 대해서는 과연 얼마나 많은 시간과 노력을 투자하고 있는가? "아무렇게나 놔두어도 저절로 크겠지" 하는 생각을 가지고 있는 한, 결과는 고통스러울 수밖에 없다.

바울 사도의 권고를 받아들이려면 먼저 우리의 할 일을 곰곰이 생각해 봐야 한다. 슬하에 자녀를 두고 있는 경우에는 "나는 이 아이의 영혼을 돌보는 보호자이자 후견인이다"라는 생각이 필요하다. 이는 참으로 큰 책임이 아닐 수 없다. 사업을 하거나 직업 활동을 하는 경우에는 자신이 내린 결정에 큰 책임감을 느끼는 것이 보통이다. 하지만 자녀에 대해서는 어떤가? 그보다 더 큰 책임감을 느끼고 있는가? 더는 아니더라도, 적어도 그만큼의 관심과 생각과 노력은 기울이고 있는가? 자녀 양육에 있어서도 과연 중대한 책임 의식을 느끼며 노력하고 있는가? 그러나 사도 바울은 자녀 양육을 인생의 가장 중요한 과제로 받아들여야 한다고 말한다.

아울러, 바울 사도는 단지 "자녀를 양육하라"고 말하지 않았다. 그는 "주의 교훈과 훈계로 양육하라"고 강조했다. 여기에서 주의 "교훈과 훈계"라는 말은 매우 흥미롭다. 이 두 말에 차이가 있다면, 전자가 후자보다 좀 더 일반적인 의미를 띤다는 것뿐이다. 교훈은 자녀를 양육하고, 기르고, 보살피는 것과 같은

교훈은 자녀를 돌보는 행동을 가리키고, 훈계는 자녀를 말로 가르치는 것을 의미한다.

행동을 가리킨다. 물론 그 안에는 훈육도 포함된다. 권위 있는 주석학자들이 지적하는 대로, 교훈은 자녀를 돌보는 행동을 가리키며 훈계는 자녀를 말로 가르치는 것을 의미한다.

요컨대 "교훈"은 "훈계"에 비해 그 의미가 좀더 일반적이며, 자식을 위한 부모의 행동 모두를 포함한다. 즉, 이 말은 자녀의 마음과 정신을 계발하고 도덕성을 함양하며 완전한 인격을 형성시켜 나간다는 의미를 함축한다. 이것이 곧 부모의 역할이다. 부모는 자녀를 지켜보고, 돌보고, 보호하는 역할을 수행해야 한다. 우리는 앞에서 아내와 남편의 관계를 다루는 가운데 에베소서 5장 29절을 통해 이미 이와 똑같은 용어를 접한 바 있다. 그곳에는 주님이 교회를 "양육하고 보호하신다"는 표현이 나온다. 그 구절을 전부 인용하면 다음과 같다.

"누구든지 언제나 자기 육체를 미워하지 않고 오직 양육하여 보호하기를 그리스도께서 교회에게 함과 같이 하나니"

바울은 자녀에 대해서도 그와 똑같이 행동하라고 명령한다.

"훈계"는 "교훈"과 거의 같은 의미이지만, 말에 좀더 많은 비중을 둔다는 점에서 약간의 차이가 있다. 자녀 양육은 이 두

가지 측면을 모두 지닌다. 즉, 우리는 먼저 일반적인 행동과 행실, 곧 행동으로 해야 할 일들을 다루고, 그 다음에 권고의 말, 격려의 말, 질책의 말, 책망의 말로 자녀를 훈계해야 한다. 이렇듯 "훈계"라는 단어에는 옳고 그른 것을 가르치고 입장을 규명하며 격려하고 권고하는 등, 말을 통해 이루어지는 모든 활동이 포함된다. 이것이 바로 "훈계"의 의미다.

자녀들은 교훈과 훈계로 양육되어야 한다. 물론 "주의 교훈과 훈계"이어야 한다. 이 점이 가장 중요하다. 기독교를 믿는 부모는 자녀 양육에 대해 다른 부모들과 그 입장이 전적으로 다르다. 다시 말해, 기독교를 믿는 부모는 단순히 일반적인 차원에서의 도덕성이나 품행 또는 덕성을 가르치는 데 그쳐서는 곤란하다. 물론 그런 교육도 당연히 필요하다. 그러나 이는 부모라면 누구나 해야 할 일이다. 기독교를 믿지 않는 부모들 역시 자녀에게 선량한 품행과 태도를 가르치고, 악을 멀리하라고 교육해야 한다. 또한 정직하고, 공손하고, 예의바른 사람이 되라고 훈계해야 한다.

하지만 이는 일반적인 수준의 도덕에 불과하다. 기독교는 그러한 수준에서 시작하지 않는다. 심지어 이방 종교를 믿는 학자들도 질서 있는 사회에 관심이 있는 경우에는 시민들에게 도

덕적인 원리를 가르쳐야 한다고
강조한다. 시대와 사회적 수준의
고하를 막론하고, 인간 사회는
법과 질서 및 적절한 훈육이 없
으면 스스로를 지탱할 수 없다.

> 기독교를 믿는 부모는 구세주
> 요 주님이신 예수 그리스도를 아는
> 지식 안에서 자녀를 양육해야 한다.
> 이는 기독교를 믿는 부모에게만 해
> 당하는 아주 독특한 사명이다.

하지만 바울 사도는 단지 일반적인 수준에 머물지 않고 "주의 교훈과 훈계"로 양육해야 한다고 말한다.

그러기 위해서는 무엇보다 기독교의 사상과 가르침에 관한 지식이 필요하다. 기독교를 믿는 부모는 구세주요 주님이신 예수 그리스도를 아는 지식 안에서 자녀를 양육해야 한다. 이는 기독교를 믿는 부모에게만 해당하는 아주 독특한 사명이다. 기독교를 믿는 부모는 구세주요 주님이신 예수 그리스도를 가르치는 일을 최상의 과제이자 목표로 삼고, 여기에 모든 열정을 쏟아야 한다. 자녀를 키우는 목적은 무엇일까? 무엇이 최우선적인 목표가 되어야 할까? 그것은 곧 예수 그리스도를 알게 하는 것이다. 그리스도를 아는 것이 곧 영생이다(요 17:3 참조). 그리스도를 구주로 영접하고 그분을 주님으로 섬기며 살아가는 것이 자녀 양육의 목적이다. "주의 교훈과 훈계로 양육하라"는 사도 바울의 말에는 바로 그런 의미가 담겨 있다.

:: 부모가 책임지는 양육

그러면 그 구체적인 방법은 무엇일까? 이것이야말로 우리의 가장 큰 관심을 촉구하는 문제다. 성경은 자녀 교육을 크게 강조한다. 신명기 6장을 예로 들어 보자. 당시 모세는 생애 말년에 이르렀고, 이스라엘 백성은 바야흐로 약속의 땅에 발을 들여놓기 직전이었다. 그는 이스라엘 백성에게 하나님의 율법을 상기시키면서 약속의 땅에서 살아가는 방법을 가르쳤다. 그는 여러 가지를 당부하면서 특히 자녀들에게 율법을 가르치라고 말했다. 어른들만 율법을 알고 지키는 것으로는 충분하지 않았다. 율법의 지식은 대대로 전수되어야 했다. 자녀들에게 율법을 가르쳐 잊지 않도록 해야 했다. 그는 신명기 6장에서 그러한 명령을 두 차례나 반복했다. 이 명령은 신명기 11장을 비롯해 구약성경의 여러 곳에 자주 등장한다. 물론, 신약성경도 예외가 아니다.

교회의 역사를 돌아보더라도, 항상 영적 부흥이나 각성 운동이 있을 때면 어김없이 이 문제가 매우 중요한 화두로 떠올랐다. 종교 개혁자들도 자녀 교육에 큰 관심을 기울였다. 자녀를 영적, 도덕적으로 교육하는 문제가 비중 있게 다루어졌다. 청교도의 경우에는 자녀 교육을 한층 더 강조했으며, 2백년 전에 일어난 대각성 운동의 지도자들 역시 마찬가지였다. 이 문제와 관련해 많은 책이 출간되었고, 많은 설교가 이루어졌다.

사람들이 기독교를 믿고 삶이 획기적으로 변할 때, 바로 그와 같은 역사가 일어난다. 기독교 신앙은 단지 개인의 인격만이 아니라 결혼 관계에까지 영향을 미친다. 기독교인들이 불신자들에 비해 이혼율이 크게 낮은 이유가 여기에 있다. 또한 기독교 신앙은 가정, 자녀, 가족을 비롯해 삶의 전반에도 영향을 미친다. 이 나라를 비롯해 세계 여러 나라의 역사를 돌아보더라도, 영적 각성을 통해 참 종교의 부흥이 이루어질 때에 가장 위대한 시대가 도래했던 것을 알 수 있다. 그럴 때엔 사회 전체의 도덕성이 함양되고 기독교인이 아닌 사람들조차도 기독교의 영향을 받았다.

바꾸어 말하면, 그리스도의 복음이 없이는 사회의 도덕적인 문제를 근본적으로 해결할 수 없다. 경건한 믿음이 없이는 의로운 삶이 이루어지지 않는다. 사람들이 믿음을 갖게 되면 진리에 순종하는 삶을 살게 되고, 사회 전반에 걸쳐 의로운 삶이 이루어진다. 하지만 오늘날엔 몇 가지 이유로 이 중요한 문제가 소홀히 취급되고 있다. 진정 안타까운 일이 아닐 수 없다. 인간의 삶, 도덕성, 가족 관계, 가정 생활은 물론 여러 측면에서 붕괴 현상이 나타나고 있다. 오늘날의 사회는 매우 분주하다. 우리 모두는 그러한 분주함에 영향을 받으며 살고 있다. 사람들은 이런저런 이유로 과거와는 달리 가정을 그리 중요시하지 않는다. 가정은 더 이상 사회의 중심이자 기본 단위가 아니다. 가정 생활의 중요성이 점차 쇠퇴하고 있다. 안타깝게도, 기독교인들 사이에서조차 부분적으로 그러한 현상이 나타나고 있다. 성경과 과거의 위대했던 시대는 한결같이 가정의 중요성을 강조하지만, 이제는 그 중요성이 사라진 듯하다. 가정은 더 이상 관심의 초점도 아니고 별로 중요하게 취급되지도 않는다. 그러나 바로 이런 시대에 우리는 성경이 가르치는 자녀 양육의 원리를 더욱 힘써 적용해야 할 필요가 있다.

자녀를 "주의 교훈과 훈계로 양육하는 일"이 가정에서 부모에 의해 이루어져야 한다. 성경은 이 점을 강조한다. 학교가 아무리 훌륭해도, 자녀 교육을 학교에 떠넘겨서는 곤란하다. 자녀 양육은 가장 중요한 부모의 임무다. 자녀 양육은 부모의 책임이다. 부모가 그 책임을 떠넘겨서는 안 된다. 내가 이 점을 강조하는 이유는 오늘날 그런 식으로 자신의 책임을 떠넘기는 부모가 많기 때문이다. 다시 말해, 요즘 부모들은 자신들의 책임과 의무를 학교에 떠넘기려는 경향이 많다.

이는 매우 심각한 문제다. 가정보다 자녀의 인생에 더 중요한 영향력을 행사하는 곳은 없기 때문이다. 가정은 사회의 기본단위이다. 어린아이들은 가족들이 있는 가정에서 태어난다. 자녀들의 삶에 가장 중요한 영향을 미치는 사람들은 바로 가족들이다. 이 점에 대해서는 의심의 여지가 없다. 성경도 곳곳에서 이 점을 강조한다. 문명 사회에서 가정의 중요성이 사라지기 시작하면, 궁극적으로 사회 전체가 붕괴될 수밖에 없다.

이런 점에서 기독교인은 자녀를 기숙사 학교에 보내는 문제를 매우 신중히 생각해야 한다. 자녀를 제도화된 학교에 보내어 일년의 절반 이상을 가정의 영향권에서 벗어난 상태로 생활하게 하는 것은 거듭 생각하고 또 생각해야 할 문제다. 그러한 결정이 과연 성경의 가르침에 부합할까? 우리는 이 문제를 진지하게 따져 보아야 한다. 실로 경제적인 여유가 있는 복음주의 기독교인들이 앞을 다퉈 자녀들을 기숙사 학교에 보내는 것이 하나의 관습으로 자리잡아 가고 있는 현실에서는 더욱 그러하다.

성경은 자녀의 영혼을 우선적으로 생각해야 한다고 가르친다. 따라서 출세나 성공을 위한 야망은 단호히 배격해야 한다.

자녀의 영혼과 하나님과 주 예수 그리스도를 아는 지식에 악영향을 미치는 것은 무엇이든 거부해야 한다. 항상 자녀의 영혼과 하나님과의 관계를 가장 먼저 고려해야 한다. 기숙사 학교가 아무리 훌륭한 교육을 제공하더라도, 자녀의 영혼에 해를 끼칠 가능성이 있다면 과감히 포기해야 한다. 자녀의 영혼을 유익하게 하는 것은 부모의 가장 중요한 과제이자 의무일 뿐 아니라, "주의 교훈과 훈계로" 자녀를 양육할 때 가장 먼저 생각해야 할 문제다.

구약성경에 따르면, 가정의 제사장은 곧 아버지였다. 아버지는 하나님의 대리인이었다. 그에게는 자녀에게 도덕성과 올바른 행동과 율법을 가르쳐야 할 의무가 있었다. 성경은 이것을 가장 중요한 부모의 의무이자 책임으로 간주한다. 그와 같은 사실은 오늘날에도 조금도 변하지 않았다. 우리가 기독교인이라면 하나님이 정하신 사회의 기본 단위 곧 결혼, 가족, 가정을 중요하게 생각해야 한다. 가정의 중요성을 경시해서는 곤란하다.

가정과 부모의 역할은 분명하다. 과연 부모의 역할은 무엇일까? 부모는 교회의 가르침을 보조하고 적용하는 역할을 담당해야 한다. 설교만으로는 큰 효과를 얻기 어렵다. 설교한 내용을 적용하고, 설명하고, 확장하고, 보충하려는 노력이 무엇보다 필요하다. 부모가 바로 그 일을 맡아 주어야 한다. 이와 같은 부모의 역할은 항상 중요하다. 특히 오늘날과 같은 상황에서는 더더욱 그렇다. 부모는 이러한 임무를 진지하게 받아들여야 한다. 오늘날의 부모는 과거 어느 때의 부모들보다 더 큰 과제를 안고 있다. 그 이유는 다음과 같다.

> 자녀의 영혼을 유익하게 하는 것은 부모의 가장 중요한 과제이자 의무일 뿐 아니라, "주의 교훈과 훈계로" 자녀를 양육할 때 가장 먼저 생각해야 할 문제다.

요즘 학교에서 학생들에게 가르치는 교과 내용을 생각해 보라. 진화론의 가설이 마치 사실처럼 교육되고 있다. 요즘 교사들은 진화론을 입증되지 않은 가설 가운데 하나로 가르치지 않고, 과학을 공부하는 사람이면 누구나 다 인정하는 절대적인 사실인 듯한 인상을 심어 주고 있다. 때문에 진화론을 받아들이지 않는 사람은 이상한 사람처럼 취급되고 있는 게 현실이다. 그러나 우리는 이러한 현실에 정면으로 대응해야 한다.

아울러, 성경에 대한 고등 비평학적인 연구도 정확한 사실처럼 교육되고 있다. 2, 30년 전에 출판된 책을 교재로 선택하여 사용하는 교사들이 적지 않은 까닭이다. 심지어는 고등 비평학자들 가운데도 그 후에 일어난 변화에 대해서는 무지한 사람들이 많다.

우리의 자녀들은 학교에서는 물론 라디오와 텔레비전을 통해서도 왜곡된 교육을 받고 있다. 온 세상이 일치단결하여 하나님과 성경과 기독교와 기적과 초자연적인 현상을 거부하고 있는 것이다. 그렇다면 누가 이러한 흐름을 막아야 할까? 바로 부모들이다. 바울은 "주의 교훈과 훈계로 양육하라"고 말한다. 우리를 대적하는 세력은 너무나 막강하기 때문에 오늘날의 부모들은 배전의 노력을 기울여야 한다. 요컨대 기독교를 믿는 부모는 어린 자녀들에게 그릇된 사상을 세뇌시키려 애쓰는 적대 세력에 맞서 자녀들을 보호해야 한다.

:: 무조건 강요하지 않는 부모

오늘날과 같은 환경에서 자녀들을 보호하려면 어떻게 해야 할까? 그릇된 방법을 적용하면 자칫 득보다 실이 훨씬 더 클 수 있기 때문에 신중을 기해야 한다. 우선, 일종의 기술을 가르치듯 기계적이고 추상적인 방법을 적용해서는 곤란하다. 이 문제와 관련해 지금으로부터 약 10년 전의 일이 생각난다. 그 당시, 나는 몇몇 친구들과 함께 머물면서 어떤 곳에서 말씀을 전한 일이 있었다. 그곳에서 나는 심한 고민에 빠져 있는 한 여성을 만났다. 그녀는 한 남편의 아내이자 두 자녀를 둔 어머니였다. 그녀와 대화를 나누는 동안, 나는 고민의 원인을 알게 되었다. 바로 그 주간에는 어떤 여성이 "자녀들을 선한 기독교인으로 양육하는 법"이라는 주제로 강연을 하는 중이었다. 물론 바람직한 주제였다. 그 강사는 슬하에 여러 명의 자녀를 둔 주부였는데, 그녀는 가사 활동을 조직적으로 잘 처리했기 때문에 오전 9시경에 집안일을 모두 마무리하고 그 후로는 다양한 봉사 활동에 삶을 헌신하고 있었다. 게다가 그 강사의 자녀들은 모두 충실한 기독교인들이었다. 나와 대화를 나누었던 이 여성은 두 자녀의 어머니였는데, 강연을 듣고 보니 자기 자신이 너무나 부족하고 못난 부모라는 생각이 들어 고민스럽다고 했다.

나는 그녀에게 "혹시 강사 자녀들의 나이가 어떻게 되는지 알고 있습니까?"라고 물었다. 마침 나는 그들의 나이를 알고 있었다. 그런데 나와 대화를 나눴던 여성 역시 잘 알고 있었다. 그 아이들 가운데 열여섯 살이 넘은 아이는 한 명도 없었다. 나는 "기다려 보세요. 그녀가 자기 자녀들은 모두 충실한 기독교인이라면서 계획을 세워 규칙적으로 실행하기만 하면 모든 문제가 해결될 수 있다고 말했다죠? 하지만 몇 년만 지나면 이야기가 달라질지도 모르니 잠시 기다려 보시지요"라고 말했다.

불행히도, 내 말대로 상황은 전혀 딴판이 되었다. 그 아이들 중에 기독교인이라고 말할 수 있는 사람은 단 한 사람도 남아 있지 않았던 것이다. 더러는 기독교를 노골적으로 부인하며 믿음을 저버린 자녀도 있었다. 안타깝게도, 그런 기계적인 방법으로는 자녀를 충실한 기독교인으로 양육할 수 없다. 기계적인 방식으로 이루어지는 양육은 냉혹하고 분석적이다. 나는 그 여성이 다른 곳에서도 똑같은 주제로 강연을 했다는 소식을 전해 들었다. 그리고 그녀의 강연을 듣던 청중 가운데 상식과 분별력을 갖춘 한 여성은 강연이 끝난 후 집에 돌아오는 길에 몇몇 친구들에게 이렇게 말했다고 한다. "오늘 강연을 한 사람이 나의 어머니가 아닌 게 천만다행이야."

좋은 지적이다. 언뜻 우스갯소리 같지만, 문제점을 정확히 간파한 말이었다. 그 말에는 그 여 강사의 양육 방법에 사랑이나 따뜻함이 결여되어 있다는 의미가 담겨 있다. 그 강사는 자기 자신에 대한 자부심이 무척 강했다. 그녀는 자녀 양육을 기계적으로 행했다. 언뜻 그런 방법이

> 기계적인 방법으로는 자녀를 충실한 기독교인으로 양육할 수 없다. 기계적인 방식으로 이루어지는 양육은 냉혹하고 분석적이다.

좋아 보일지 모르나 사실은 전혀 그렇지 않다. 강연을 들었던 여성은 그녀의 방법 안에 자녀의 마음을 포근히 감싸줄 수 있는 사랑과 이해심이 존재하지 않는다는 점을 정확히 알아차렸던 것이다. 아이는 당연히 기계가 아니기 때문에 기계적으로 양육해서는 곤란하다.

자녀 양육을 부정적이거나 강제적인 방법으로 이뤄 내기는 불가능하다. 기독교 신앙이 온통 금지 조항과 강압으로 이루어졌다는 인상을 심어 주면, 자녀는 심리적으로 부담을 느끼고 교회보다는 마귀와 세상의 품속으로 뛰어들 가능성이 높다. 따라서 부정적이거나 강제적인 방법은 절대 금물이다. 그동안 나는 그런 잘못 때문에 불행한 사태가 빚어진 경우를 수없이 목격했다. 사람들은 이따금 예배가 끝난 후에 "지난 20년을 돌이켜 보니 오늘에서야 처음으로 예배를 드린 것 같습니다"라고 말한다.

그럴 때마다 나는 "어떻게 그런 일이 있을 수 있었나요?"라고 묻는다. 그러면 그들은 어렸을 때 받았던 신앙 교육이 억압적이고 강제적이었다고 대답한다. 즉 기독교 신앙을 전혀 이해하지 못하고 자랐던 것이다. 그들이 본 것은 인간이 만들어 낸 엄격한 종교, 즉 거짓된 청교도 신앙이었다. 지금도 참 청교도

> 우리는 어린 자녀에게 신앙의 결단을 직접 강요해서는 안 된다. 지나치게 감정적인 태도는 금물이다.

신앙을 서툴게 모방하는 데 그칠 뿐 그 참된 가르침을 이해하지 못하는 사람들이 많다. 실로 안타까운 일이다. 그들은 오로지 부정적인 것들만 보았을 뿐, 긍정적인 것들은 한 번도 본 적이 없었다.

자녀들을 "주의 교훈과 훈계로 양육한다"는 것은 겉으로 도덕적인 척하는 속물이나 위선자를 만드는 것과 구별된다. 하지만 불행히도 이 둘이 혼동되는 경우가 많다. 어린 자녀들이 아무것도 이해하지 못한 채 경건한 듯한 말씨를 흉내내는 것을 들을 때면 속에서 메스꺼운 욕지기가 느껴진다. 하지만 부모들은 그런 자녀를 자랑스럽게 여기며 "저 말하는 소리 좀 들어보세요. 참으로 놀랍지요?"라고 말한다. 정작 어린 자녀들은 그 말이 무슨 뜻인지조차 알지 못한다. 의외로 설교 놀이를 좋아하는 어린아이들이 많다. 물론, 어린아이들이 장난삼아 하는 일이라고 생각하고 웃어넘길 수도 있는 일이다. 하지만 부모들이 그 말에 놀라워하며 칭찬을 늘어놓음으로써 다른 사람들의 감탄을 자아내려 하는 행위는 거의 신성모독에 가깝다. 더욱이 그런 태도는 어린 자녀에게 큰 해를 끼친다. 그런 태도는 어린 자녀를 종교적 속물이나 위선자로 만들 가능성이 매우 크다.

아울러, 우리는 어린 자녀에게 신앙의 결단을 강요해서는 안 된다. 그런 식의 태도 때문에 지금까지 얼마나 많은 피해가 발생했는지 모른다. 부모들은 "우리 아이가 그렇게 어린 나이에 그리스도를 영접하기로 결심했답니다. 참으로 놀라운 일이지요?"라고 말한다. 그러면서 모임에서 억지로 신앙 간증까지 요구한다. 그러나 그런 일은 절대로 있어선 안 된다. 그것은 어린아이의 인격을 파괴할 뿐 아니라 구원의 방법에 대한 부모 자신의 무지함을 드러낼 뿐이다. 물론, 어린아이는 판단력이 없기 때문에 그에게 무엇이든 강요할 수 있다. 부모에게는 그렇게 할 수 있는 권위와 힘이 있다. 하지만 그런 태도는 전적으로 부모의 잘못이며 부모의 무지에서 나온 행동이다. 성경이나 기독교 신앙은 그것을 용납하지 않는다.

우리는 어린 자녀에게 신앙의 결단을 직접 강요해서는 안 된다. 지나치게 감정적인 태도는 금물이다. 자기 자녀에게나 다른 사람의 자녀에게나 신앙에 관한 말을 할 때에 심리적인 부담감을 느끼게 해서는 안 된다. 어린아이에게 부담감을 안겨 주는 것은 잘못이다. 특별히 부모의 말이 너무 노골적이거나 감

> 기독교를 믿는 부모는 자녀를 바라볼 때 자신이 영혼과 인격을 지닌 생명체를 대하고 있다는 사실을 한시도 잊어서는 안 된다.

정적인 경우에는 그런 잘못을 범하기 쉽다. 하지만 그런 식으로 신앙을 권하는 것은 전혀 바람직하지 않다.

나는 이런 문제로 인해 빚어진 불행한 사태를 여러 번 목격했다. 그 가운데 두 명의 십대 소년이 생각난다. 당시 그들의 나이는 15-16세가 채 되지 않았다. 그러나 그들의 부모는 늘 그들에게 신앙을 강요했다. 그 가운데 한 소년은 자기 엄마가 자녀들에 관한 일을 글로 적어 그들이 훌륭한 기독교인이라는 인상을 심어 주려 했다고 이야기했다. 하지만 이 두 소년은 지금은 기독교를 믿지 않는다. 그들은 기독교 신앙을 무가치하게 여긴다.

부디 기독교를 믿는 부모는 자녀가 영혼과 인격을 지닌 생명체라는 사실을 한시도 잊지 않도록 조심하라. 다시 한 번 강조하지만, 자녀에게 압력을 가해서는 절대 안 된다. 신앙의 결단을 억지로 강요하지 말라. 물론, 부모가 자녀의 신앙을 염려하는 것은 당연한 일이다. 하지만 신령한 부모, 즉 "성령 충만한" 부모는 자녀의 인격을 훼손하거나 그에게 부당한 압력을 가하지 않는다. 자녀가 믿음을 고백하지 않는다고 해서 부모에게 순종하지 않는다고 질책해서는 안 된다. 그런 태도는 용서 받기 어렵다.

:: 아이를 돕는 7가지 행동

그러면 참된 길은 어디에 있을까? 몇 가지 제안을 하자면 다음과 같다. 과거 시대의 사람들은 "그리스도가 이 집의 머리이시다"라는 글귀를 적은 카드를 거실이나 방의 벽에 붙여 두곤 했다. 물론 지금도 그런 집이 더러 있다. 나는 카드나 종이 쪽지를 벽에 붙이는 것을 적극적으로 권하는 편이 아니다. 하지만 그러한 아이디어는 나름대로 좋은 점이 있다. 구약성경에 보면, 이스라엘 백성에게 "하나님의 말씀을 문설주에 기록하라"는 명령이 주어졌다. 늘 말씀을 잊지 않도록 하기 위해서였다. 초창기 개신교도들 역시 그와 같은 목적에서 십계명을 교회의 벽에 적어 놓곤 했다. 하지만 카드를 벽에 붙이거나 붙이지 않거나, 늘 자녀들에게 그리스도가 가정의 주인이시라는 인상을 심어 줄 수 있어야 한다. 그러면 어떻게 해야 그런 인상을 심어줄 수 있을까?

1. 행동으로 본을 보이라

부모가 행동으로 본을 보이는 것이 가장 좋다. 부모는 삶을 통해 자신들이 그리스도를 가정의 주인으로 섬기며 살아간다는 인상을 자녀들에게 심어 주어야 한다. 그와 같은 사실이 부모의 언행을 통해 명백히 드러나야 한다. 무엇보다도, 가정에 사랑의 분위기가 형성되어야 한다.

우리는 다른 문제들은 물론 자녀 양육에 관해서도 "술 취하지 말라 이는 방탕한 것이니 오직 성령의 충만을 받으라"는 말씀을 지침으로 삼아야 한다. 성령의 열매는 사랑이다. 성령 안에서 화기애애한 사랑의 분위기가 형성되면 우리가 직면한 문제의 대부분은 저절로 해결된다. 단, 직접적인 호소나 강요를 자제하고 사랑의 분위기를 조성해야만 자연스런 효과를 기대할 수 있다.

2. 기독교적 관점으로 대화하라

그 외에 일상적인 대화를 통한 접근법도 꼽을 수 있겠다. 식탁에서나 그 밖의 장소에서 이루어지는 일상적인 대화는 매우 중요하다. 라디오의 뉴스를 듣고는 그것을 주제로 대화를 시작할 수도 있다. 국제적인 문제, 정치 문제, 산업 문제와 같은 거창한 주제가 화제에 오를 수도 있다. 어쨌든 자녀를 주의 교훈과 훈계로 양육하기 위해서는, 일상적인 대화도 기독교적인 관점에서 이루어져야 한다. 우리는 모든 문제를 기독교적인 관점에서 다루어야 한다. 자녀들은 밖에서 똑같은 주제에 관해 다른 사람들이 하는 말을 듣게 될 것이다. 길을 걷다가 우연히 가족들끼리

> 자녀를 주의 교훈과 훈계로 양육하기 위해서는 일상적인 대화도 기독교적인 관점에서 이루어져야 한다.

말했던 주제를 둘러싸고 두 남자가 열띤 논쟁을 벌이는 모습을 볼 수도 있다. 그런 경우에는 즉시 큰 차이를 깨닫고, 가정에서 이루어진 대화가 전혀 다른 관점에 근거한다는 사실을 알게 될 것이다.

한마디로, 삶의 모든 문제가 기독교적인 관점에서 조망되어야 한다. 국제적인 문제든 국내적인 문제든, 개인적인 문제든 사업상의 문제든, 모든 문제가 기독교적인 관점에서 평가되어야 한다. 이것이 가장 중요하다.

그래야만 하나의 일관된 원리가 부모의 삶을 지배하고 있다는 사실, 즉 부모의 생각과 삶이 믿지 않는 세계에서 보고 듣는 것과 근본적으로 다르다는 사실이 자녀들의 무의식에 각인된다. 다시 말해, 자녀들의 생각 속에 그들도 모르는 사이에 점차 기독교적 가치관이 형성되는 것이다. 이렇게 되면 절반은 성공한 셈이다. 일단 자녀들이 그런 차이를 의식하고 나면 문제가 훨씬 쉬워진다.

3. 자녀의 질문에 대답을 준비하라

자녀가 질문을 던질 때 올바른 답변을 해 주는 것도 좋은 방법이다. 부모는 자녀가 질문을 던지는 순간을 십분 활용해야 한다. 물론 그렇게 하기가 그리 쉽지는 않다. 하지만 자녀의 질문은 기독교 신앙을 설명할 수 있는 좋은 기회를 제공한다. 신명기 6장에도 자녀의 질문을 이용해 하나님의 구원 역사를 설명하라는 내용이 나온다. 20절과 21절을 읽어 보자.

"후일에 네 아들이 네게 묻기를 우리 하나님 여호와께서 명령하신 증거와 규례와 법도가 무슨 뜻이냐 하거든 너는 네 아들에게 이르기를 우리가 옛적에 애굽에서 바로의 종이 되었더니 여호와께서 권능의 손으로 우리를 애굽에서 인도하여 내셨나니"

언젠가는 우리 자녀들이 "왜 우리는 그 일을 하지 않죠? 제 친구의 아빠와 엄마는 그렇게 하던데, 왜 아빠 엄마는 그렇게 하지 않아요?"라고 묻는 날이 올 것이다. 바로 그런 때를 "주의 교훈과 훈계로" 자녀를 양육하는 기회로 활용해야 한다. 물론 올바른 답변을 제시할 수 있어야 한다. 성경의 가르침을 알지 못하면 "우리 안에 있는 소망의 이유"를 설명할 수도 없고, 자녀를 "주의 교훈과 훈계로" 양육할 수도 없다. 성경을 알아야만 "제 친구의 아빠들은 저녁에 술집이나 클럽에서 시간을 보내기도 하고 밤에 춤을 추며 즐기기도 하는데, 왜 아빠는 그렇게 하지 않아요? 아빠와 그 사람들이 다른 이유가 무엇이죠?"라고 물을 때 올바른 대답을 해 줄 수 있다.

자녀들이 그런 질문을 던졌을 때 "글쎄다. 사람들은 모두 저마다 다르잖니? 우리는 이렇게 사는 것이 좋을 뿐이란다"라는 식의 답변은 곤란하다. 그럴 때는 이렇게 답할 수 있어야 한다. "사람들의 마음은 다 똑같지. 우리가 다르게 행동하는 이유는 남들보다 본성적으로 착하기 때문이 아니란다. 또, 내가 다른 아빠들과 기질이 다르기 때문도 아니다. 우리는 모두 죄 가운데서 태어났어. 사람은 누구나 본질상 죄의 노예란다. 우리 모두의 본성은 왜곡되었고, 우리 안에는 악의 원리가 존재한단다. 그 때문에 아무도 하나님을 올바로 알 수 없지. 하지만 내가 다른 사람들과 다른 이유는, 하나님이 나에게 그릇된 일들을 분별할 수 있는 눈을 열어 주셨기 때문이란다. 내가 하나님이 우리를 구원하시기 위해 독생자 예수님을 세상에 보내 주셨다는 사실을 몰랐더라면, 네 친구들의 아빠들과 똑같이 살았을 것이다." 우리는 이런 식으로 자녀들에게 복음을 전할 수 있다.

복음의 내용을 얼마나 많이 설명해야 할지는 각자가 결정할 문제다. 일단은 자녀의 나이를 고려해야 한다.

요컨대 "왜 그렇게 사시는 거죠?"라고 물을 때는 정확한 이유를 설명해 주어야 한다. 부모의 신앙을 강요하거나 장황한 설교를 늘어놓을 필요는 없지만, 간단명료하게 이유를 설명할 수는 있어야 한다.

자녀가 점차 나이가 들면, 좀더 설명을 늘려 가면 된다. 어쨌든 항상 자녀의 질문에 대답할 준비를 갖추고 있어야 한다. 복음을 이해하고 끊임없이 진리에 대한 지식을 넓혀가야만 자녀들의 질문에 대답할 수 있고, 그들을 "주의 교훈과 훈계로" 양육할 수 있다.

4. 좋은 책을 추천해 주라

아울러, 자녀들에게 읽을 책을 권해 줄 수도 있다. 훌륭한 인물의 전기를 추천해 주면 좋다. 전기는 자녀들에게 좋은 영향을 미친다. 다양한 방법을 통해 책 읽기를 격려하고, 그들의 사고를 올바른 방향으로 이끌어 주며, 기독교인의 삶에 익숙해지게 하라.

5. 감사와 축복 기도를 매일 하라

그 외에도 몇 가지 방법이 더 있다. 우선, 식사할 때마다 항상 하나님께 감사하며 그분의 축복을 구하라. 오늘날에는 기독교인들을 제외하면, 식사기도를 드리는 사람을 찾아보기가 매우 힘들다. 자녀들이 부모가 하나님께 감사하며 그분의 축복을 구하는 기도를 듣게 되면 많은 유익을 얻을 수 있다.

6. 가정예배를 꾸준히 드려라

한걸음 더 나아가, 온 가족이 하나님의 말씀을 중심으로 함께 모일 수 있는 가정예배 시간을 마련하라. 가장인 아버지가 성경 말씀을 조금 읽고, 간단한 기도를 드려라. 가정예배는 오래 끌 필요가 없다. 하나님의 주권을 인정하고, 주 예수 그리스도를 보내 주신 은혜에 감사하는 것으로 족하다. 어린 자녀들에게 하나님의 말씀을 정기적으로 들려 주라. 성경에 대해 질문을 하거든 성의껏 대답해 주고 가능하면 삶에 적용할 수 있는 교훈을 제시하라.

현명하고 사려 깊은 태도를 취하라. 지루함이나 싫증을 느끼게 하지 않도록 특별히 주의를 기울여라. 오히려 자녀들이 즐거워하며 좋아할 수 있는 분위기를 조성하여 가정예배 시간을 기대하게 만들어라.

7. 신앙 생활의 매력을 알게 하라

기독교를 매력적으로 보이게 하라. 기독교가 세상에서 가장 놀라운 것이며, 기독교인이 되는 것이 가장 자랑스런 일이라는 인상을 심어 주라. 자녀들에게 부모를 닮고자 하는 마음을 갖게 하라. 신앙 생활을 통해 기쁨을 누리며 기독교 신앙을 가장 귀하게 여기는 모습을 보여 주라. 자녀들이 "나도 어서 자라서 아빠와 엄마처럼 저런 행복한 생활을 해야지"라고 생각하게 만들어라. 기계적이고 율법적이며 강압적인 방법은 금물이다. 억지로 신앙을 강요해서는 안 된다. 오로지 말과 행동과 인격을 통해 우리가 "예수 그리스도의 종"이라는 사실을 보여 주고, 하나님의 은혜로 우리의 눈이 열려 세상에서 가장 영광스런 일을 볼 수 있게 되었다는 것을 알게 하라.

아울러, 자녀들이 우리처럼 복음을 깨닫고 우리와 똑같은 기쁨을 누리며, 세상에서 가장 고귀한 특권 즉 주님의 은혜를 찬양하고 그분을 섬기며 살아가는 특권을 누리는 것이 우리의 가장 큰 소원이라는 사실을 깨닫게 하라.

사업가든 전문직 종사자든, 또는 노동자든 설교자든, 무슨 일을 하든지 우리는 하나님의 영광을 위해 해야 한다. 그래야만 자녀를 "주의 교훈과 훈계로" 양육할 수 있다.

> "자녀들아 주 안에서 너희 부모에게 순종하라 이것이 옳으니라 네 아버지와 어머니를 공경하라 이것은 약속이 있는 첫 계명이니 이로써 네가 잘되고 땅에서 장수하리라 또 아비들아 너희 자녀를 노엽게 하지 말고 오직 주의 교훈과 훈계로 양육하라"_ 엡 6:1-4.

사명선언문

너희가 흠이 없고 순전하여……세상에서 그들 가운데 빛들로
나타내며 생명의 말씀을 밝혀 _ 빌 2:15-16

1. 생명을 담겠습니다
만드는 책에 주님 주신 생명을 담겠습니다.
그 책으로 복음을 선포하겠습니다.

2. 말씀을 밝히겠습니다
생명의 근본은 말씀입니다.
말씀을 밝혀 성도와 교회의 성장을 돕겠습니다.

3. 빛이 되겠습니다
시대와 영혼의 어두움을 밝혀 주님 앞으로 이끄는
빛이 되는 책을 만들겠습니다.

4. 순전히 행하겠습니다
책을 만들고 전하는 일과 경영하는 일에 부끄러움이 없는
정직함으로 행하겠습니다.

5. 끝까지 전파하겠습니다
모든 사람에게, 땅 끝까지, 주님 오시는 그날까지
복음을 전하는 사명을 다하겠습니다.

서점 안내

광화문점　서울시 종로구 새문안로 69 구세군회관 1층
　　　　　02)737-2288 / 02)737-4623(F)

강남점　　서울시 서초구 신반포로 177 반포쇼핑타운 3동 2층
　　　　　02)595-1211 / 02)595-3549(F)

구로점　　서울시 동작구 시흥대로 602, 3층 302호
　　　　　02)858-8744 / 02)838-0653(F)

노원점　　서울시 노원구 동일로 1366 삼봉빌딩 지하 1층
　　　　　02)938-7979 / 02)3391-6169(F)

일산점　　경기도 고양시 일산서구 중앙로 1391 레이크타운 지하 1층
　　　　　031)916-8787 / 031)916-8788(F)

의정부점　경기도 의정부시 청사로47번길 12 성산타워 3층
　　　　　031)845-0600 / 031)852-6930(F)

인터넷서점　www.lifebook.co.kr